VOLKER JAHNKE

Zwangsvollstreckung in der Betriebsverfassung

Schriften zum Sozial- und Arbeitsrecht

Band 29

Zwangsvollstreckung in der Betriebsverfassung

Von

Dr. Volker Jahnke

DUNCKER & HUMBLOT / BERLIN

CIP-Kurztitelaufnahme der Deutschen Bibliothek

Jahnke, Volker
Zwangsvollstreckung in der Betriebsverfassung.
— 1. Aufl. — Berlin: Duncker und Humblot,
1977.
  (Schriften zum Sozial- und Arbeitsrecht;
  Bd. 29)
  ISBN 3-428-03909-2

Alle Rechte vorbehalten
© 1977 Duncker & Humblot, Berlin 41
Gedruckt 1977 bei Buchdruckerei A. Sayffaerth - E. L. Krohn, Berlin 61
Printed in Germany
ISBN 3 428 03909 2

Vorwort

Die vorliegende Schrift hat der Fakultät für Rechtswissenschaft der Universität Mannheim (WH) im Sommersemester 1976 als Dissertation vorgelegen. Zu besonderem Dank verpflichtet bin ich Herrn Professor Dr. Günther Wiese, meinem verehrten Lehrer, der die Arbeit betreut und durch anregende Kritik und zahlreiche Hinweise sehr gefördert hat. Zu danken habe ich auch Herrn Senator E. h. Ministerialrat a. D. Prof. Dr. J. Broermann für die Aufnahme der Arbeit in die in seinem Verlag erscheinende Reihe „Schriften zum Sozial- und Arbeitsrecht".

Volker Jahnke

Inhaltsverzeichnis

§ 1 Gegenstand der Untersuchung 11
    I. Thematischer Ausgangspunkt 11
    II. Problemstellung 12
    III. Tragweite des Themas 15

§ 2 Stand der Diskussion 18
    I. Vorbemerkung: Zwangsvollstreckung und vertrauensvolle Zusammenarbeit der Betriebspartner 18
    II. Betriebsrat als Vollstreckungsschuldner — das Argument der mangelnden Vermögensfähigkeit 20
        1. Grundsatz 20
        2. Forderungsvollstreckung 20
        3. Vollstreckung von Verhaltenspflichten mittels Haft 21
        4. Vollstreckung gegen den Betriebsobmann 24
        5. Herausgabevollstreckung und Verurteilung zur Abgabe einer Willenserklärung als Ausnahmen 25
    III. Betriebsrat als Vollstreckungsschuldner — zwangsweiser Zugriff auf das Vermögen Dritter 26
        1. Arbeitgeber 27
        2. Mitglieder des Betriebsrats 28
    IV. Theorie der partiellen Vermögensfähigkeit des Betriebsrats 30
    V. Arbeitgeber und sonstige Beteiligte als Vollstreckungsschuldner .. 34
    VI. Zusammenfassung 35

§ 3 Zivilprozessuale Vollstreckung gegen dem Betriebsrat vergleichbare Personengesamtheiten 36
    I. Grundsätzliche Beschränkung der Vollstreckung auf die Person und das Vermögen des Vollstreckungsschuldners 37
    II. Vollstreckung von Zwangsgeld und Ordnungsgeld (§§ 888, 890 ZPO) 38
    III. Vollstreckung von Zwangshaft und Ordnungshaft (§§ 888, 890 ZPO) 41

§ 4 Ausschluß eines Betriebsratsvermögens 43
    I. Stellung und Funktion des Betriebsrats im organisierten Betrieb 44
    II. Sondervermögen der Institution Betriebsrat 48
    III. Gesondertes Zweckvermögen der Mitglieder des Betriebsrats 57
        1. Gesamthand und Bruchteilsgemeinschaft 57
        2. Treuhand 61

§ 5 Vermögensbezogene Zwangsvollstreckung gegen den Betriebsrat 63
　I. Zwangsgeld und Ordnungsgeld zur Erwirkung unvertretbarer Handlungen und Unterlassungen (§§ 888, 890 ZPO) 63
　　1. Zugriff auf das Privatvermögen von Betriebsratsmitgliedern als verbleibende und betriebsverfassungsrechtlich gebotene Vollstreckungsmöglichkeit 63
　　2. Verfahrensrechtliche Absicherung der vorgeschlagenen Vollstreckungsmöglichkeit 69
　　3. Zusammenfassung, Durchführung der Vollstreckung im einzelnen 73
　II. Zwangsvollstreckung wegen Geldforderungen (§§ 803 ff. ZPO) und zur Erwirkung vertretbarer Handlungen (§ 887 ZPO) 75
　　1. Forderungsvollstreckung 75
　　2. Ermächtigung zur Vornahme der Handlung 76
　　3. Erstattung der Kosten 76

§ 6 Vermögensunabhängige Zwangsvollstreckung gegen den Betriebsrat 79
　I. Erwirkung der Herausgabe von Sachen (§§ 883 ff. ZPO) 79
　　1. Sachenrechtliche Befugnis des Betriebsrats 79
　　2. Durchführung der Vollstreckung 82
　　3. Eidesstattliche Versicherung und Haft nach §§ 883 Abs. 2, 899 ff. ZPO 83
　II. Zwangshaft und Ordnungshaft zur Erwirkung unvertretbarer Handlungen und Unterlassungen (§§ 888, 890 ZPO) 84
　III. Abgabe einer Willenserklärung (§ 894 ZPO) 85

§ 7 Zwangsvollstreckung gegen andere Subjekte der Betriebsverfassung .. 86
　I. Arbeitgeber 86
　　1. Betriebsverfassungsrechtlicher Begriff 86
　　2. Gang der Vollstreckung 88
　　3. Betriebsrat als Vollstreckungsgläubiger 90
　II. Betriebsverfassungsrechtliche Kollegialorgane und deren Mitglieder 92
　III. Weitere Beteiligte 94

§ 8 Zusammenfassung der Ergebnisse, Schlußbemerkung 96

Literaturverzeichnis 99

Abkürzungsverzeichnis

AcP	=	Archiv für die zivilistische Praxis
a. E.	=	am Ende
a. F.	=	alte Fassung
AFG	=	Arbeitsförderungsgesetz
AG	=	Aktiengesellschaft
AktG	=	Aktiengesetz
a. M.	=	andere Meinung
Anh.	=	Anhang
AP	=	Nachschlagewerk des Bundesarbeitsgerichts — Arbeitsrechtliche Praxis —
ArbG	=	Arbeitsgericht
ArbGG	=	Arbeitsgerichtsgesetz
AR-Blattei	=	Arbeitsrecht-Blattei
ArbuSozPol.	=	Arbeit und Sozialpolitik (Zeitschrift)
arg.	=	argumentum
ARS	=	Arbeitsrechts-Sammlung
AT	=	Allgemeiner Teil
AuR	=	Arbeit und Recht
BAG	=	Bundesarbeitsgericht
BAnz.	=	Bundesanzeiger
BArbBl.	=	Bundesarbeitsblatt
BB	=	Betriebs-Berater
bestr.	=	bestritten
BetriebsärzteG	=	Gesetz über Betriebsärzte, Sicherheitsingenieure und andere Fachkräfte für Arbeitssicherheit
BetrVG	=	Betriebsverfassungsgesetz
BGB	=	Bürgerliches Gesetzbuch
BGBl.	=	Bundesgesetzblatt
BGH	=	Bundesgerichtshof
BGHZ	=	Entscheidungen des Bundesgerichtshofs in Zivilsachen
Bl.	=	Blatt
BlStSozArbR	=	Blätter für Steuerrecht, Sozialversicherung und Arbeitsrecht
BRAGebO	=	Bundesgebührenordnung für Rechtsanwälte
BRG	=	Betriebsrätegesetz
BT-Drucks.	=	Bundestagsdrucksache
BUV	=	Betriebs- und Unternehmensverfassung (Zeitschrift)
BVerfGE	=	Entscheidungen des Bundesverfassungsgerichts
BVerwG	=	Bundesverwaltungsgericht
DB	=	Der Betrieb
DGVZ	=	Deutsche Gerichtsvollzieherzeitung
DRiZ	=	Deutsche Richterzeitung
EGStGB	=	Einführungsgesetz zum Strafgesetzbuch
EzA	=	Entscheidungssammlung zum Arbeitsrecht
GmbH	=	Gesellschaft mit beschränkter Haftung
GmbHG	=	Gesetz betreffend die Gesellschaften mit beschränkter Haftung

GRUR	=	Gewerblicher Rechtsschutz und Urheberrecht
GVKostG	=	Gesetz über Kosten der Gerichtsvollzieher
HGB	=	Handelsgesetzbuch
i. d. F.	=	in der Fassung
i. V. m.	=	in Verbindung mit
JahrbArbR	=	Das Arbeitsrecht der Gegenwart. Jahrbuch für das gesamte Arbeitsrecht und die Arbeitsgerichtsbarkeit
JMBl. NRW	=	Justizministerialblatt für Nordrhein-Westfalen
JZ	=	Juristenzeitung
KO	=	Konkursordnung
KSchG	=	Kündigungsschutzgesetz
LAG	=	Landesarbeitsgericht
LG	=	Landgericht
MDR	=	Monatsschrift für Deutsches Recht
Mitt. Dt. ArbGerVerb.	=	Mitteilungen des Deutschen Arbeitsgerichtsverbandes
n. F.	=	neue Fassung
NJW	=	Neue Juristische Wochenschrift
NZfA	=	Neue Zeitschrift für Arbeitsrecht
OHG	=	Offene Handelsgesellschaft
OLG	=	Oberlandesgericht
OLG Rspr.	=	Sammlung der Rechtsprechung der Oberlandesgerichte
OLGZ	=	Entscheidungen der Oberlandesgerichte in Zivilsachen
österr.	=	österreichisch
OVG	=	Oberverwaltungsgericht
PersVG	=	Personalvertretungsgesetz
RAG	=	Reichsarbeitsgericht
RdA	=	Recht der Arbeit
RGZ	=	Entscheidungen des Reichsgerichts in Zivilsachen
SAE	=	Sammlung arbeitsrechtlicher Entscheidungen
SchlWes.	=	Das Schlichtungswesen (Zeitschrift)
SchwbG	=	Schwerbehindertengesetz
SeemG	=	Seemannsgesetz
SGG	=	Sozialgerichtsgesetz
SJZ	=	Süddeutsche Juristenzeitung
str.	=	streitig
u. U.	=	unter Umständen
VwGO	=	Verwaltungsgerichtsordnung
WA	=	Westdeutsche Arbeitsrechtsprechung
WRP	=	Wettbewerb in Recht und Praxis (Zeitschrift)
ZfA	=	Zeitschrift für Arbeitsrecht
ZHR	=	Zentralblatt für Handelsrecht
ZPO	=	Zivilprozeßordnung
ZVG	=	Gesetz über die Zwangsversteigerung und die Zwangsverwaltung
ZZP	=	Zeitschrift für Zivilprozeß

> Ein Rechtssatz ohne Rechtszwang ist ein Widerspruch in sich selbst, ein Feuer, das nicht brennt, ein Licht, das nicht leuchtet.
>
> *Rudolf von Ihering*, Der Zweck im Recht

§ 1 Gegenstand der Untersuchung

I. Thematischer Ausgangspunkt

Rechtsstreitigkeiten aus der Betriebsverfassung werden in einem den Besonderheiten dieses Rechtsgebietes angepaßten Verfahren ausgetragen, dem arbeitsgerichtlichen Beschlußverfahren nach § 2 Abs. 1 Nr. 4, § 8 Abs. 1, §§ 80 ff. ArbGG. Ziel dieses Verfahrens ist die Erkenntnis und bindende Feststellung dessen, was zwischen den Beteiligten rechtens ist. Der das Erkenntnisverfahren beendende Beschluß kann sich auf eine Feststellung beschränken (Feststellungsbeschluß), die Rechtslage neu gestalten (Gestaltungsbeschluß) oder schließlich die Verpflichtung eines Beteiligten aussprechen, etwas zu tun oder zu unterlassen (Leistungsbeschluß).

Zur Verwirklichung der betriebsverfassungsrechtlichen Kompetenzen und Verfahrensweisen und damit der Betriebsverfassung schlechthin genügt indessen der bloße Ausspruch der Verpflichtung zu einem bestimmten Verhalten oftmals nicht. Deshalb ermöglicht § 85 Abs. 1 ArbGG die zwangsweise Durchsetzung der bindend festgestellten Rechte und Pflichten in einem besonderen Verfahren. Im Gegensatz zu der ausführlichen, gleichwohl lückenhaften[1] Regelung des Erkenntnisverfahrens beschränkt sich das Arbeitsgerichtsgesetz hinsichtlich des Vollstreckungsverfahrens darauf, die Vorschriften des Achten Buches der Zivilprozeßordnung für entsprechend anwendbar zu erklären (§ 85 Abs. 1 Satz 2 ArbGG). Die Verschiedenartigkeit der dem ordentlichen Zivilprozeß und dem Beschlußverfahren zugewiesenen Gegenstände[2] hätte eine eingehende Ausgestaltung auch des Vollstreckungsverfahrens erwarten lassen. Die gesetzliche Regelung weckt deshalb Zweifel, ob sie die Rechtsdurchsetzung in der Betriebsverfassung hinreichend zu leisten vermag.

---

[1] Vgl. *G. Hueck*, in Hueck / Nipperdey I, S. 974 f.
[2] Dazu eingehend *Wiese*, Beschlußverfahren, S. 24 ff.

II. Problemstellung

Der zwangsweisen Verwirklichung von Rechten[3] aus der Betriebsverfassung geht deren verbindliche Feststellung im Beschlußverfahren voraus. Dieses Verfahren zeichnet sich im Unterschied zum ordentlichen Zivilprozeß vor allem dadurch aus, daß § 10 ArbGG den (nichtrechtsfähigen) betriebsverfassungsrechtlichen Einrichtungen („Stellen"), insbesondere also dem Betriebsrat[4], die aktive und passive Parteifähigkeit verleiht, d. h. die Fähigkeit, Subjekt eines Prozeßrechtsverhältnisses zu sein[5]. Die prozessuale Beteiligung Nichtrechtsfähiger ist dem arbeitsgerichtlichen Urteilsverfahren und dem Zivilprozeß an sich nicht fremd, wie die Beispiele des nichtrechtsfähigen Vereins (§ 50 Abs. 2 ZPO), insbesondere der Gewerkschaft[6], sowie der offenen Handelsgesellschaft (§ 124 Abs. 1 HGB) zeigen, doch bestehen augenfällig ganz wesentliche Unterschiede. Zunächst ist wichtig, daß das Gesetz auf die Institution Betriebsrat abhebt und sich darunter etwas von ihren Mitgliedern Abstrahierbares, selbständig Existierendes vorstellt. Diesem Verständnis zufolge ist der Betriebsrat selbst Prozeßsubjekt, unbeschadet eines zwischenzeitlichen Wechsels seiner Mitglieder[7] und grundsätzlich unabhängig davon, ob es sich um ein vielköpfiges Gremium handelt oder um eine einzelne Person (vgl. § 9 BetrVG). Der Betriebsrat tritt im Beschlußverfahren „als solcher" auf, in seiner Funktion als Subjekt der Betriebsverfassung. Er handelt kraft seiner betriebsverfassungsrechtlichen Stellung stets im eigenen Namen[8] und in eigener Verantwortung.

---

[3] In dem Streit um die Qualifizierung der betriebsverfassungsrechtlichen Befugnisse als bloßer Kompetenzen oder subjektiver Rechte Stellung zu beziehen, ist hier nicht der Ort (vgl. auch unten § 4 II mit Fußnoten 33 ff.). Wenn gleichwohl im folgenden von „Rechten" des Betriebsrats die Rede ist, so nur in Anlehnung an die Terminologie des Gesetzes, vgl. die Überschriften zu §§ 87, 90, 91 sowie § 51 Abs. 6, § 115 Abs. 1 Satz 2, Abs. 7 Nr. 5 Satz 1, § 116 Abs. 1 Satz 2, Abs. 3 Nr. 5 BetrVG.

[4] Die folgenden Erörterungen befassen sich vorzugsweise mit diesem; zur Zwangsvollstreckung gegen andere Beteiligte unten § 7.

[5] Vgl. *Rosenberg / Schwab*, S. 197. Man spricht in diesem Zusammenhang auch von Beteiligtenfähigkeit, was sachlich keinen Unterschied bedeutet, vgl. *BAG* AP Nr. 3 zu § 80 ArbGG 1953, Bl. 2; *Dietz / Nikisch*, § 10 Anm. 59 f.; *Dütz / Säcker*, DB 1972, Beilage Nr. 17, S. 12; *Etzel*, RdA 1974, 215 (224); *Galperin / Siebert*, Anh. § 82 Anm. 6; *Grunsky*, § 10 Anm. 2, § 80 Anm. 15; G. *Hueck*, in Hueck / Nipperdey I, S. 975; G. *Müller*, JahrbArbR Bd. 9 (1971), 23 (34 f.); *Schnorr von Carolsfeld*, S. 500 f.; *Wiese*, Anm. AP Nr. 6 zu § 37 BetrVG 1972, Bl. 3.

[6] BGHZ 50, 325. Vgl. für den Arbeitsgerichtsprozeß bereits § 10 1. Halbsatz ArbGG.

[7] Vgl. *Grunsky*, § 83 Anm. 9; G. *Müller*, JahrbArbR Bd. 9 (1971), 23 (35). Zum Wechsel des gesamten Betriebsrats (Neuwahl) vgl. *BAG* AP Nr. 4 zu § 80 ArbGG 1953, Bl. 3 R f.; *Dietz / Richardi*, § 1 Anm. 21; *Richardi*, Anm. AP Nr. 5 zu § 94 ArbGG 1953, Bl. 4; offenbar anders *Schnorr von Carolsfeld*, S. 419; *Thiele*, GK-BetrVG, Einleitung Anm. 52, 74.

[8] Ganz h. M., vgl. *Brecht*, § 1 Anm. 12; *Dietz / Richardi*, § 1 Anm. 16, 21; *Fitting / Auffarth / Kaiser*, § 1 Anm. 32; *Gester*, S. 113, 127; *Hueck / Nipper-*

II. Problemstellung

Das Beschlußverfahren beruht im Gegensatz zu Urteilsverfahren und Zivilprozeß nicht auf dem Dualismus von Kläger und Beklagtem. Das Arbeitsgerichtsgesetz spricht in Anlehnung an die freiwillige Gerichtsbarkeit statt dessen von Beteiligten (§§ 10, 81, 83, 85 ArbGG). Die durch § 85 Abs. 1 ArbGG eröffnete Möglichkeit zwangsweiser Rechtsdurchsetzung läßt freilich erkennen, daß im Beschlußverfahren auch der Streit um Rechte aus der Betriebsverfassung und entsprechende Pflichten auszutragen ist[9]. Die solchermaßen um ihrer Rechte willen am Verfahren Beteiligten treten einander wie Parteien gegenüber. Die Existenz sog. echter Streitsachen im Beschlußverfahren wird denn auch allgemein anerkannt ohne Rücksicht darauf, ob man dieses Verfahren der streitigen oder der freiwilligen Gerichtsbarkeit zurechnet[10]. Der das Verfahren beendende Beschluß spricht im Fall eines erfolgreichen Antrags die Verpflichtung des unterlegenen Teils zu einem bestimmten Tun oder Unterlassen aus[11]. Zugleich bestimmt er die Parteien der Zwangsvollstreckung (vgl. § 85 Abs. 1 Satz 2 ArbGG). Die Rolle des Vollstreckungsgläubigers bzw. -schuldners fällt damit der betriebsverfassungsrechtlichen Institution Betriebsrat in dem bezeichneten Sinne zu, denn es gilt der allgemeine Grundsatz, daß die Parteien des Erkenntnisverfahrens immer auch Subjekte des Vollstreckungsverfahrens sein können[12].

Zwangsvollstreckung heißt zwangsweise Verwirklichung von Rechten (hier aus der Betriebsverfassung) durch den Einsatz staatlicher Machtmittel in dem dafür vorgesehenen Verfahren[13]. Sie zielt — abgesehen

---

dey II/2, S. 1092; *Kraft*, GK-BetrVG, § 1 Anm. 30, 33; *Maus*, BetrVG, § 1 Anm. 22; *Neumann-Duesberg*, S. 234 f.; *Nikisch* III, S. 14 f., 19; a. M. *Galperin / Siebert*, vor § 21 Anm. 7; *Thiele*, GK-BetrVG, Einleitung Anm. 79; wohl auch *Schnorr von Carolsfeld*, S. 413 f., 417. Unter der Geltung des § 10 ArbGG 1926 war die Belegschaft (Arbeitnehmerschaft, Arbeiterschaft, Angestelltenschaft), vertreten durch ihre Betriebsvertretung (Betriebsrat, Gruppenrat usw.), Partei des Beschlußverfahrens.

[9] Vgl. § 85 Abs. 1 Satz 1 ArbGG: „... einem Beteiligten eine Verpflichtung auferlegt ..." und § 85 Abs. 1 Satz 2 ArbGG: „... der die Erfüllung der Verpflichtung aufgrund des Beschlusses verlangen kann ..."

[10] Vgl. *Dietz / Nikisch*, Vorbem. § 80 Anm. 14; *Etzel*, RdA 1974, 215 (224); *Grunsky*, § 80 Anm. 3, 26, 54; *K. H. Schmidt*, DB 1968, 397, 443; *Schnorr von Carolsfeld*, S. 496; *Wichmann*, AuR 1974, 10 (12 f.); *Wiese*, Beschlußverfahren, S. 77, 84 ff.; ferner schon *Baumbach / Königsberger*, § 83 Anm. 2; *Lieb / Gift*, § 83 Anm. 1 a; *Wölbling*, § 80 Anm. 2.

[11] Diese Verpflichtung besteht bereits nach materiellem Betriebsverfassungsrecht und wird nicht erst durch (konstitutiven) Beschluß geschaffen; die Wortwahl „auferlegt" in § 85 Abs. 1 Satz 1 ArbGG bildet lediglich eine sprachliche Parallele zu „verurteilt". Ein solcher Beschluß entspricht seinem Inhalt nach einem Leistungsurteil.

[12] Vgl. dazu *Baumann*, S. 120; *Blomeyer*, S. 23; *Rosenberg*, S. 934 f.; *Stein / Jonas / Münzberg*, vor § 704 Anm. VI 1 a, b; *Wieczorek*, § 704 Anm. B V a.

[13] Vgl. diese und ähnliche Definitionen bei *Baumann*, S. 6 f.; *Blomeyer*, S. 1; *Lent / Jauernig*, S. 1; *Pawlowski*, S. 419; *Rosenberg / Schwab*, S. 3; *Stein / Jonas / Münzberg*, vor § 704 Anm. I.

von der Verurteilung zur Abgabe einer Willenserklärung, § 894 ZPO — stets darauf ab, die Verpflichtung des Schuldners durch Zwang gegen sein Vermögen oder seine Person durchzusetzen. Das gilt vor allem für die Durchsetzung von Geldforderungen (§§ 803 ff. ZPO), nicht minder aber für die in der Betriebsverfassung ganz im Vordergrund stehende Vollstreckung von Handlungs- und Unterlassungspflichten (§§ 887, 888, 890 ZPO) und für die Herausgabevollstreckung (§§ 883 ff. ZPO). Jede Zwangsvollstreckung setzt demnach ein Vermögen bzw. die Existenz natürlicher Personen voraus. Es geht in diesem Zusammenhang nicht darum, daß tatsächlich genug (Aktiv-)Vermögen da ist, um den Erfolg der Zwangsvollstreckung sicherzustellen. Entscheidend ist vielmehr, daß überhaupt eine genau abgegrenzte und im Vollstreckungstitel bezeichnete Vermögensmasse dem vom Gläubiger veranlaßten zwangsweisen Zugriff des Staates ausgesetzt ist.

Im Gegensatz zu den Parteien des Zivilprozesses besitzt der Betriebsrat jedoch nach herkömmlichem Verständnis[14] keine eigene Rechtspersönlichkeit und kann nicht Subjekt vermögenswerter Rechte sein. Er ist eine nicht bloß faktisch, sondern rechtlich vermögenslose (vermögensunfähige) Partei der Zwangsvollstreckung. Gegen die Institution Betriebsrat kann weder eine Haftstrafe verhängt noch unmittelbar Gewalt geübt werden. Der Schluß liegt nahe, daß eine Zwangsvollstreckung gegen den Betriebsrat schlechthin ausscheidet. Das Schrifttum zieht denn auch — mit Einschränkungen — ganz überwiegend entsprechende Folgerungen, die sogleich kritisch referiert werden sollen. Die eindeutige Regelung des § 85 Abs. 1 ArbGG verbietet indessen, sich mit diesem Ergebnis zu bescheiden. Das Gesetz eröffnet eine umfassende Vollstreckungsmöglichkeit in Beschlußsachen — gerade darin lag ein wesentlicher Fortschritt gegenüber dem Arbeitsgerichtsgesetz 1926[15] —, und dem muß die Rechtsanwendung Rechnung tragen. Die herrschende Lehre verkehrt die gesetzgeberische Entscheidung aus vorgeblich zwingenden konstruktiven Erwägungen[16] auf weiten Gebieten in das Gegenteil. Die folgende Untersuchung hat das Ziel, anhand des geltenden Betriebsverfassungs- und Vollstreckungsrechts nachzuweisen, daß die (angebliche) Lücke im Vollstreckungssystem des arbeitsgerichtlichen Verfahrens in Betriebsverfassungssachen in Wahrheit nicht besteht; ihre Fragestellung ist demgemäß eine rein dogmatische. Die für rechtsähnliche Vollstreckungsschuldner geltenden Rechtssätze ergeben das Material, aus dem sich — nötigenfalls unter vorsichtigen, an den

---

[14] Vgl. vorerst nur *Dietz / Richardi*, Vorbem. § 26 Anm. 6; *Hueck / Nipperdey* II/2, S. 1091, 1106; *Kraft*, GK-BetrVG, § 1 Anm. 51; eingehend unten § 4 II.

[15] Vgl. *Dersch / Volkmar*, § 2 Anm. 165; *Dietz / Nikisch*, § 85 Anm. 1; *Fitting*, BArbBl. 1953, 572 (578); *Fitting / Kraegeloh*, § 85 Anm. 1; *Herschel*, BB 1953, 861 (863); *Maus*, ArbGG, § 85 Anm. 1.

[16] Vgl. aber unten § 2 I.

Grundgedanken der Betriebsverfassung wie des Zivilprozesses ausgerichteten Abwandlungen — Möglichkeiten zur zwangsweisen Durchsetzung betriebsverfassungsrechtlicher Ansprüche gegen den Betriebsrat gewinnen lassen. Abschließend sind die systematischen Konsequenzen der entwickelten Lösung für den Gang der Vollstreckung gegen andere Subjekte der Betriebsverfassung zu klären.

III. Tragweite des Themas

Das geltende Recht kennt außer der Zwangsvollstreckung nach § 85 Abs. 1 ArbGG[17] vielfältige Sanktionen, die die Befolgung der betriebsverfassungsrechtlichen Pflichten aus Gesetz, Tarifvertrag, Betriebsvereinbarung, sonstiger Abmachung und verbindlichem Spruch der Einigungsstelle (§ 76 BetrVG) sicherstellen sollen. Zu erwähnen sind neben arbeitsvertraglichen[18] und deliktischen[19] Rechtsbehelfen und Ansprüchen und den Straf- und Ordnungswidrigkeitentatbeständen (§§ 119 - 121 BetrVG) vor allem spezifisch betriebsverfassungsrechtliche Rechtsnachteile. Im Bereich der notwendigen Mitbestimmung[20] des Betriebsrats sind einseitige Anordnungen des Arbeitgebers unwirksam, hierauf gestützte Maßnahmen rechtswidrig[21]. Bei den mitwirkungspflichtigen Angelegenheiten — ebenso umgekehrt bei bestimmten Handlungen des Betriebsrats[22] — hängt es von der Bedeutung und dem

---

[17] Vgl. auch die besonderen Vorschriften der §§ 98 Abs. 5, 101, 104 BetrVG, ferner § 23 Abs. 3 BetrVG und zur Subsidiarität dieser Bestimmung im Verhältnis zu §§ 80 ff., 85 Abs. 1 ArbGG *Jahnke,* BlStSozArbR 1974, 164 (168 f.) mit Nachweisen (str.); a. M. neuerdings auch *Grunsky,* § 85 Anm. 8 f.; *Stein / Jonas / Münzberg,* § 890 Anm. VIII, die sogar von einer „Privilegierung" des Arbeitgebers sprechen. Damit würde der Sinn dieser Bestimmung in sein genaues Gegenteil verkehrt.

[18] Zum einen Leistungsverweigerungsrechte, Schadenersatzansprüche usw. der Arbeitnehmer bei einem Fehlverhalten des Arbeitgebers, vgl. dazu *Söllner,* ZfA 1973, 1 (19 ff.); *Wiese,* RdA 1973, 1 (6 f., 8); *ders.,* GK-BetrVG, vor § 81 Anm. 19 f., 29 ff.; ferner *Herdrich,* S. 13 ff., 107 ff. und passim; zum anderen Kündigung, Haftung usw. bei Amtspflichtverletzungen von Betriebsratsmitgliedern, die zugleich einen Verstoß gegen Arbeitsvertragspflichten darstellen; dazu *Dietz / Richardi,* Anhang § 103 Anm. 6 ff. mit Nachweisen.

[19] Haftung des Arbeitgebers, der Betriebsratsmitglieder usw. vor allem nach § 823 Abs. 2 BGB; Einzelheiten sind z. T. streitig, vgl. *Dietz / Richardi,* Vorbem. § 26 Anm. 9 ff.; *Fitting / Auffarth / Kaiser,* § 1 Anm. 51; *Galperin / Löwisch,* vor § 1 Anm. 17; *Hueck / Nipperdey* II/2, S. 1107; *Kraft,* GK-BetrVG, § 1 Anm. 53; *Wiese,* GK-BetrVG, vor § 81 Anm. 35; ferner *Weiss,* RdA 1974, 269 ff.

[20] Zu den Begriffen (notwendige) Mitbestimmung und Mitwirkung *Dietz / Richardi,* Vorbem. § 74 Anm. 23 ff.; *Wiese,* GK-BetrVG, § 87 Anm. 33.

[21] Ganz h. M., vgl. statt aller *Wiese,* GK-BetrVG, § 87 Anm. 34 ff.; a. M. namentlich *Dietz / Richardi,* § 87 Anm. 34 ff. Vgl. auch § 102 Abs. 1 Satz 3 BetrVG.

Zweck des jeweiligen Mitwirkungsrechts ab, ob einseitige Maßnahmen ohne die vorgeschriebene Beteiligung des anderen Betriebspartners wirksam sind[23]. Bei Betriebsänderungen gewährt § 113 BetrVG den betroffenen Arbeitnehmern Ansprüche auf Nachteilsausgleich, wenn der Unternehmer (Arbeitgeber) den Betriebsrat nicht beteiligt hat oder von einem Interessenausgleich ohne zwingenden Grund abweicht[24]. Wegen grober Verletzung seiner gesetzlichen Pflichten kann schließlich ein Mitglied aus dem Betriebsrat ausgeschlossen oder der Betriebsrat aufgelöst werden, § 23 Abs. 1 BetrVG[25]. Das Verfahren vor der Einigungsstelle zur Beilegung von Regelungsstreitigkeiten dient zwar ebenfalls der Verwirklichung der Betriebsverfassung, im besonderen der Mitwirkung und Mitbestimmung der Arbeitnehmer, knüpft aber nicht an bestehende Rechte und Pflichten an, sondern schafft erst, was künftig rechtens sein soll[26].

Den genannten, hier nicht weiter zu behandelnden nachteiligen Rechtsfolgen ist gemeinsam, daß sie nur auf bestimmte Kategorien betriebsverfassungsrechtlicher Pflichten zutreffen. Die zwangsweise Rechtsdurchsetzung nach § 85 ArbGG erfaßt demgegenüber das gesamte Gebiet des Betriebsverfassungsrechts (§ 2 Abs. 1 Nr. 4 ArbGG); gerade hierin liegt ihre — zumindest theoretische — Tragweite[27]. Sie findet dennoch in der juristischen Literatur kaum Beachtung. Läßt sich ihre geringe Bedeutung in der Praxis[28] damit erklären, daß bereits die Möglichkeit eines Beteiligten, Machtmittel des Staates in Anspruch zu nehmen, in vielen Fällen zur freiwilligen Befolgung der betriebsverfassungsrechtlichen Pflichten führt, so rechtfertigt das doch nicht die wissenschaftliche Vernachlässigung. Die Reform der Betriebsverfassung[29] brachte zudem eine wesentliche Erweiterung des Anwendungsbereichs des Beschlußverfahrens und damit zugleich des Zwangsvollstreckungs-

---

[22] Vgl. § 30 Satz 3, § 37 Abs. 6 Satz 3, § 38 Abs. 2 Satz 1, § 39 Abs. 1 Satz 2, § 43 Abs. 2 Satz 1, Abs. 3 Satz 2, § 44 Abs. 2 Satz 2, § 47 Abs. 5, § 69 Satz 2, § 80 Abs. 3 Satz 1 BetrVG.

[23] Vgl. dazu W. *Böhm*, DB 1974, 723 ff.

[24] Die Ausgleichsansprüche nach § 115 Abs. 7 Nr. 4 Satz 3 BetrVG (dazu *Dietz / Richardi*, § 115 Anm. 81; *Galperin / Löwisch*, § 115 Anm. 41; *Wiese*, GK-BetrVG, § 115 Anm. 55) bedeuten keine Sanktion für mißbilligtes Verhalten, weil hier der Kapitän rechtmäßig, d. h. im Einklang mit der Rechtsordnung handelt; die Interessenlage entspricht der des § 904 BGB.

[25] Vgl. ferner § 48 (Gesamtbetriebsrat), § 56 (Konzernbetriebsrat), § 65 Abs. 1 (Jugendvertretung), § 73 Abs. 2 (Gesamtjugendvertretung) sowie § 18 Abs. 1 BetrVG (Wahlvorstand).

[26] Zur Abgrenzung von Rechts- und Regelungsstreitigkeiten *Bötticher*, Festschrift für Lent, S. 89 ff.; *Dütz*, Gerichtliche Überprüfung, S. 10 f. Vgl. ferner *Dütz*, AuR 1973, 353 (354 f.).

[27] Vgl. auch unten § 2 I und § 5 I 1 a. E.

[28] Vgl. G. *Müller*, JahrbArbR Bd. 9 (1971), 23 (53); ferner *Dütz*, AuR 1973, 353.

[29] Dazu eingehend *Wiese*, JahrbArbR Bd. 9 (1971), 55 ff.

verfahrens. Erinnert sei nur an den Ausbau bestehender und die Einführung neuer Beteiligungsrechte des Betriebsrats, die Ausweitung der Befugnisse der Gewerkschaften und die Schaffung neuer betriebsverfassungsrechtlicher Institutionen (Konzernbetriebsrat, Betriebsräteversammlung, Gesamtjugendvertretung u. a.) mit eigenen Zuständigkeiten. Die Einführung der den früheren Zuständigkeitskatalog ablösenden Generalklausel des § 2 Abs. 1 Nr. 4 ArbGG und die ausdrückliche Zulassung einstweiliger Verfügungen des Arbeitsgerichts (§ 85 Abs. 2 ArbGG) enthalten die notwendige prozessuale Ergänzung. Es sollte indessen nicht verkannt werden, daß die Rechtsprechung seit jeher bemüht war, das Beschlußverfahren auf alle Streitigkeiten betriebsverfassungsrechtlicher Art anzuwenden[30], und auch dem Verlangen nach einstweiligem Rechtsschutz behutsam entgegenkam[31]. Um so dringlicher ist die Klärung der Vollstreckungsmöglichkeiten, wenn es im Beschlußverfahren nach §§ 80 ff. ArbGG oder im Wege der einstweiligen Verfügung (§ 85 Abs. 2 ArbGG) zu einer Verurteilung des Betriebsrats oder eines anderen Subjekts der Betriebsverfassung gekommen ist.

---

[30] Vgl. *BAG* AP Nr. 46 zu § 2 ArbGG 1953, Bl. 1 R; AP Nr. 1 zu § 2 ArbGG 1953 Betriebsverfassungsstreit, Bl. 2 R; AP Nr. 1 zu § 45 BetrVG, Bl. 2; AP Nr. 1 zu § 82 BetrVG, Bl. 2 R f.; ferner *G. Müller*, JahrbArbR Bd. 9 (1971), 23 (25 f.); dagegen vor allem *Dietz*, § 82 Anm. 2; *ders.*, Anm. AP Nr. 1 zu § 45 BetrVG, Bl. 6 R f.

[31] Vgl. schon *RAG* ARS 12, 202 (204); sowie *LAG Bremen*, DB 1968, 897; *LAG Düsseldorf*, DB 1965, 635 (636); AP Nr. 1 zu § 80 ArbGG 1953 Einstweilige Anordnungen, Bl. 3; *LAG Hamburg*, BB 1954, 995; *LAG Hamm* AP Nr. 2 zu § 80 ArbGG 1953 Einstweilige Anordnungen, Bl. 2; DB 1968, 359 f.; *LAG München*, BB 1953, 831; *LAG Schleswig-Holstein*, AuR 1965, 29 ff.; weitere Nachweise bei *K. H. Schmidt*, DB 1968, 397 Fußnote 2.

§ 2 Stand der Diskussion

I. Vorbemerkung: Zwangsvollstreckung und vertrauensvolle Zusammenarbeit der Betriebspartner

Die bisherigen Äußerungen zur Zwangsvollstreckung in Betriebsverfassungssachen sind diesem Rechtsinstitut gegenüber merklich kühl und zurückhaltend. Ungeachtet der bereits erwähnten konstruktiven Schwierigkeiten und ganz im Gegensatz zum Zivilprozeß wird die zwangsweise Durchsetzung der im arbeitsgerichtlichen Beschlußverfahren ergangenen Entscheidungen als seltene Ausnahme hingestellt. So gilt der — nicht vollstreckungsfähige — Feststellungsbeschluß als Regelfall[1], obwohl auch das Beschlußverfahren von dem zivilprozessualen Grundsatz beherrscht ist, daß einer Feststellungsklage regelmäßig das Rechtsschutzbedürfnis fehlt, wenn auf Leistung geklagt werden kann[2]. Die Hervorhebung der Feststellungsbeschlüsse mag im Hinblick auf die Fassung des früheren Zuständigkeitskatalogs nach § 2 Abs. 1 Nr. 4 ArbGG a. F. eine gewisse Berechtigung besessen haben, entbehrt aber seit Einführung der Generalklausel des § 2 Abs. 1 Nr. 4 ArbGG (n. F.) jeder Grundlage[3]. Ein Leistungsbeschluß wiederum soll nur bei hinreichender Bestimmtheit der auferlegten Verpflichtung vollstreckbar sein[4]. Hierbei handelt es sich aber nicht um eine besondere

---

[1] Vgl. *Dietz*, Anm. AP Nr. 1 zu § 43 BetrVG, Bl. 2 R; *Dietz / Nikisch*, § 81 Anm. 20, § 85 Anm. 3; *E. Frey*, BB 1969, 317 (319); *Maus*, ArbGG, § 85 Anm. 4, 14; ferner schon *Leser*, Beschlußverfahren, S. 66 f.

[2] Vgl. *Grunsky*, § 80 Anm. 23, sowie allgemein *Rosenberg / Schwab*, S. 473.

[3] Vgl. ganz entsprechend die gegenüber § 66 Abs. 4 Satz 2 BetrVG 1952 („Feststellung") geänderte Fassung des § 104 Satz 2 BetrVG („aufzugeben").

[4] Vgl. *Brill*, AR-Blattei D, Zwangsvollstreckung IV, III 1; *Dietz / Nikisch*, § 85 Anm. 4 f.; *Heckmann*, S. 153; *G. Hueck*, in Hueck / Nipperdey I, S. 987; *Schneider*, AR-Blattei D, Arbeitsgerichtsbarkeit XII, K 2; *Scholz*, S. 7. Die von den Genannten als angeblich zu unbestimmt erwähnte Verpflichtung zum Abschluß einer Betriebsvereinbarung (in Angelegenheiten notwendiger Mitbestimmung) existiert in aller Regel nicht: Ob eine Vereinbarung geschlossen wird und gegebenenfalls in welcher *Form* (Betriebsvereinbarung oder Betriebsabsprache), ist Teil des Regelungsstreits (vgl. zur Form *Wiese*, GK-BetrVG, § 87 Anm. 32, 163), so daß ein dahingehender *Anspruch* gerade nicht besteht. Wenn das dennoch in Extremfällen einmal zutrifft, sei es aufgrund einer Vereinbarung der Betriebspartner ähnlich einem Vorvertrag, sei es unmittelbar aus dem Gesetz etwa bei „Ermessensschrumpfung" (vgl. *Dütz*, AuR 1973, 353 [366]; ferner *Leipold*, Festschrift für Schnorr von Carolsfeld, S. 273 [287 f.]), ist eine solche Verpflichtung sinnvollerweise nur als hinreichend bestimmte möglich; die „Vollstreckung" erfolgt dann nach

I. Vorbemerkung

Voraussetzung der Zwangsvollstreckung, sondern um eine allgemeine Prozeßvoraussetzung; bereits bei Einleitung des Verfahrens ist ein bestimmter Antrag zu stellen, und auch das Gericht muß einen genügend bestimmten und damit vollstreckungsfähigen Verpflichtungsbeschluß erlassen[5].

Diese im allgemeinen nicht näher begründeten Vorbehalte dürften auf der Vorstellung beruhen, eine Zwangsvollstreckung im Betrieb sei mit dem Gebot vertrauensvoller Zusammenarbeit (§ 2 Abs. 1, § 74 Abs. 1 und 2 BetrVG) schwerlich zu vereinbaren[6]. Die Nichterfüllung betriebsverfassungsrechtlicher Pflichten mit der Folge ihrer zwangsweisen Verwirklichung ist sicher kein Zeichen guter Zusammenarbeit. Vor diesem Hintergrund wird die dogmatisch begründete, durchaus herrschende Auffassung vom grundsätzlichen Ausschluß der Zwangsvollstreckung gegen den Betriebsrat eher verständlich. Sie muß sich allerdings entgegenhalten lassen, daß der Verzicht auf die gegebenenfalls zwangsweise Durchsetzung von Rechten und Pflichten eine gute, d. h. freiwillige Kooperation der Betriebspartner nicht gewährleistet, führt doch allein die Möglichkeit, daß einer der Beteiligten die Mittel staatlichen Zwanges in Anspruch nehmen kann, häufig zur freiwilligen Erfüllung. Im übrigen entspricht das subtilere und weitgehend der Dispositionsmaxime unterstehende[7] System zwangsvollstreckungsrechtlicher Maßnahmen dem Zusammenarbeitsgebot weit mehr als das vergleichsweise grobe und wesentlich einschneidendere Mittel der Amtsenthebung nach § 23 Abs. 1 BetrVG[8].

---

§ 894 ZPO. Übrig bleibt ein Anspruch der Betriebspartner auf ernsthaftes Verhandeln (vgl. § 74 Abs. 1 Satz 2 BetrVG), also auf eine unvertretbare Handlung im Sinne des § 888 ZPO; dazu *Dütz*, AuR 1973, 353 (357); *Leser*, Beschlußverfahren, S. 66; *Löwisch / Müller*, Anm. zu § 28; *Neumann-Duesberg*, SJZ 1949, Sp. 233 (236); *Oehmann*, RdA 1950, 140 (143); *Söllner*, DB 1968, 571 (573); vgl. auch *Brecht*, § 74 Anm. 4; *Dietz / Richardi*, § 74 Anm. 5; *Erdmann / Jürging / Kammann*, § 74 Anm. 15; *Thiele*, GK-BetrVG, § 74 Anm. 15, die § 23 Abs. 3 BetrVG anwenden wollen; ferner *Adomeit*, BB 1972, 53 (54).

[5] Vgl. *Depène / Rohlfing / Heinitz*, § 81 Anm. I; *Dietz / Nikisch*, § 81 Anm. 16 f.; *Rohlfing / Rewolle*, § 81 Anm. 1; zum Zivilprozeß § 253 Abs. 2 Nr. 2 ZPO sowie *Rosenberg / Schwab*, S. 500, 710; *Stein / Jonas / Schumann / Leipold*, § 253 Anm. III 1 a. Speziell bei Unterlassungspflichten sind nach allerdings bestrittener Ansicht die Anforderungen an die Bestimmtheit herabzusetzen, vgl. — mit Nachweisen — einerseits *W. Böhm*, S. 73 ff.; *Stein / Jonas / Schumann / Leipold* ebd.; andererseits *von Gamm*, NJW 1969, 85 ff., doch ist man sich weitgehend darin einig, daß die (zulässige) Fassung des Urteils und dessen Vollstreckungsfähigkeit immer übereinstimmen.

[6] So etwa *Engler*, § 63 Anm. 6, die Vollstreckung widerspreche dem Rechtsdenken im Betriebsräterecht. Vgl. auch *W. Böhm*, DB 1974, 723; *Reuter / Streckel*, S. 29; ferner *Scholz*, S. 43 (anders S. 76), der u. U. den Betriebsfrieden gestört sieht, sowie *Wichmann*, AuR 1974, 10 (15), der u. a. den Grundsatz des Ehrenamts (§ 37 Abs. 1 BetrVG) bemüht.

[7] Vgl. *Baumann*, S. 16, 27, 111; *Blomeyer*, S. 68, 73; *Pawlowski*, S. 463; *Rosenberg*, S. 956; *Schönke / Baur*, S. 27.

II. Betriebsrat als Vollstreckungsschuldner — das Argument der mangelnden Vermögensfähigkeit

1. Grundsatz

Der Betriebsrat ist ausweislich seiner prozessualen Befugnisse ein zwar handlungsfähiges, nicht aber vermögens- und haftungsfähiges Subjekt des arbeitsgerichtlichen Verfahrens in Betriebsverfassungssachen, erst Beteiligter des Beschlußverfahrens und hernach Partei der Zwangsvollstreckung. Als Folge seiner Vermögensunfähigkeit soll der im Schrifttum ganz herrschenden Auffassung zufolge eine Zwangsvollstreckung gegen ihn insoweit ausscheiden, als sie ein Vermögen voraussetzt[9]. Das gelte für die Vollstreckung von Geldforderungen (§§ 803 ff. ZPO) ebenso wie für die zwangsweise Erwirkung von vertretbaren (§ 887 ZPO) und unvertretbaren (§ 888 ZPO) Handlungen und Unterlassungen (§ 890 ZPO). Ein den Betriebsrat verurteilender Leistungsbeschluß[10] dieses Inhalts sei deswegen nicht vollstreckbar. Die Zwangsvollstreckung gegen den Betriebsrat finde allein in Form der unmittelbaren Durchsetzung seiner Pflichten statt (Herausgabevollstreckung, §§ 883 ff. ZPO).

2. Forderungsvollstreckung

Die Zwangsvollstreckung wegen Geldforderungen (§§ 803 ff. ZPO) setzte eine dahingehende Verurteilung des Betriebsrats voraus. Wenn aber der Ausgangspunkt der herrschenden Lehre uneingeschränkt Gül-

---

[8] Darauf wird zuweilen ausdrücklich als Ausweg hingewiesen, vgl. *Hueck / Nipperdey* II (6. Aufl. 1957), S. 803; *Neumann-Duesberg*, S. 426; ferner schon *Aufhäuser / Nörpel*, Anm. zu § 80 Abs. 1. Vgl. auch *Wichmann*, AuR 1974, 10 (15), und dazu unten § 5 I 1 a. E.

[9] Vgl. *Brox / Rüthers*, S. 103; *Däubler*, Schulung und Fortbildung, S. 129; *Dersch / Volkmar*, § 85 Anm. 1; *Dietz*, DRiZ 1954, 25 (28); *Dietz / Nikisch*, § 85 Anm. 19; *Dütz*, ZfA 1972, 247 (251); *Engler*, § 63 Anm. 6; *Heckmann*, S. 154; *G. Hueck*, in Hueck / Nipperdey I, S. 987; *Hueck / Nipperdey* II (6. Aufl. 1957), S. 803; *Maus*, ArbGG, § 85 Anm. 22; *Meissinger / Neumann*, § 85 Anm. 3; *Neumann-Duesberg*, S. 426; *Rewolle*, BB 1974, 888 f.; ferner schon *Rewolle*, RdA 1950, 293 (296); *Siefart*, § 10 Anm. 3, § 84 Anm. 5.

[10] Bestritten ist, ob und inwieweit eine Zwangsvollstreckung in Betriebsverfassungssachen aus anderen Titeln als den Beschlüssen nach §§ 84, 85 ArbGG in Betracht kommt, vor allem aus Prozeßvergleichen; vgl. dazu — bejahend — LAG Bremen, BB 1965, 1108; *Grunsky*, § 80 Anm. 30, § 85 Anm. 12; *Kälker*, BB 1953, 389 (391); *Pohle*, Festschrift für A. Hueck, S. 175 (186); *Savaète*, AuR 1958, 257 (265 f.); *Schaub*, S. 418; *Schnorr von Carolsfeld*, S. 503; ablehnend *Dersch / Volkmar*, § 84 Anm. 1, § 85 Anm. 2; *Dietz / Nikisch*, § 85 Anm. 32 f.; *Dütz*, AuR 1973, 353 (356); *Galperin / Siebert*, Anh. § 82 Anm. 12 b; *Herschel*, BB 1953, 861 (862, 863); *Kauffmann*, AuR 1954, 1 (4); *Marzen*, Justizblatt des Saarlandes 1960, 34 (37); *Maus*, ArbGG, § 80 Anm. 11, § 85 Anm. 18; *Meissinger / Neumann*, § 80 Anm. 5, § 85 Anm. 1; *G. Müller*, JahrbArbR Bd. 9 (1971), 23 (44); *Wiese*, Beschlußverfahren, S. 111; zweifelnd *Auffarth / Schönherr*, § 80 Anm. II 6.

II. Vermögensunfähigkeit des Betriebsrats und Vollstreckung

tigkeit haben soll, kann es gesetzliche oder rechtsgeschäftliche Zahlungsverpflichtungen der Institution Betriebsrat nicht geben. Mangels Vermögensfähigkeit ist der Betriebsrat niemals Gläubiger oder Schuldner einer Geldforderung. Die genannte Vollstreckungsart findet danach schon aus materiell-rechtlichen Gründen keine Anwendung; in Wahrheit handelt es sich insoweit nicht um eine vollstreckungsrechtliche Besonderheit.

3. Vollstreckung von Verhaltenspflichten mittels Haft

Das Argument der mangelnden Vermögensfähigkeit vermag den von der herrschenden Lehre behaupteten gänzlichen Ausschluß der Zwangsvollstreckung zur Erwirkung unvertretbarer Handlungen und Unterlassungen des Betriebsrats (§§ 888, 890 ZPO) nicht zu erklären. Neben die Verhängung von Zwangsgeld und Ordnungsgeld als Zwangsmitteln gegen das Vermögen tritt die Möglichkeit des Zugriffs auf die Person in Form von Zwangshaft und Ordnungshaft. Abgesehen von der — akzessorischen — Anordnung der Ersatzhaft für den Fall der Nichtbeitreibbarkeit eines Zwangsgelds oder Ordnungsgelds (§ 888 Abs. 1 Satz 1, § 890 Abs. 1 Satz 1 ZPO) setzt die Verhängung und Vollstreckung der Zwangshaft und der Ordnungshaft kein Vermögen des Vollstreckungsschuldners voraus. Zwar kann der Betriebsrat als solcher nicht in Haft genommen werden, aber das ist bei allen Vollstreckungsschuldnern der Fall, die nicht natürliche Personen sind. Dennoch sieht man sich im allgemeinen nicht gehindert, etwa gegen eine juristische Person Zwangshaft oder Ordnungshaft zu verhängen, die dann gegen die für sie verantwortlich handelnden (natürlichen) Personen vollstreckt wird[11]. Das hieße, übertragen auf die zwangsweise Durchsetzung von Handlungs- und Unterlassungspflichten des Betriebsrats, die Haft gegebenenfalls gegen diejenigen Personen zu vollstrecken, deren Verhalten ihm wie eigenes zuzurechnen ist. Erstaunlicherweise werden dahingehende Überlegungen in der Literatur bislang kaum angestellt[12]. Man zieht ganz undifferenziert eine Vollstreckung gegen „die Betriebsratsmitglieder" in Betracht, lehnt das aber in großer Einmütigkeit ab[13].

---

[11] Vgl. vorerst nur *Blomeyer*, S. 452, 461 f.; *Stein / Jonas / Pohle* (18. Aufl. 1956), § 888 Anm. IV, § 890 Anm. V; eingehend unten § 3 III.
[12] Obschon *Rewolle*, BB 1974, 888 (889), und *Scholz*, S. 64 f., die Parallele zu den juristischen Personen und dem nichtrechtsfähigen Verein ziehen, sehen sie den Adressaten des Zwangs- oder Ordnungsmittels in „jedem einzelnen Betriebsratsmitglied" bzw. der „Versammlung der einzelnen Betriebsratsmitglieder". Zu eng andererseits *Grunsky*, § 85 Anm. 5, 7; *Schaub*, S. 424, die allein den Vorsitzenden des Betriebsrats in die Vollstreckung einbeziehen wollen; dazu unten § 5 I 3.
[13] Vgl. *Dersch / Volkmar*, § 85 Anm. 1; *Dietz*, DRiZ 1954, 25 (28); *Dietz / Nikisch*, § 85 Anm. 19; *Maus*, ArbGG, § 85 Anm. 22; *Neumann-Duesberg*, S. 426; ferner — unter Hinweis auf § 23 Abs. 3 BetrVG — *Stein / Jonas / Münzberg*,

Eine über das unzureichende Argument der Vermögensunfähigkeit hinausgehende Begründung dafür findet sich nur sehr vereinzelt. So kommt nach *Neumann-Duesberg*[14] die Verhaftung von Mitgliedern des Betriebsrats deswegen nicht in Betracht, weil die Mitglieder nicht Schuldner der zwangsweise durchzusetzenden Verpflichtung seien. Dieser Einwand läßt sich indessen gleichermaßen gegen die Verhaftung all jener (Organ-)Personen erheben, die mit dem Vollstreckungsschuldner nicht identisch sind. Danach wäre eine Vollstreckung mittels Zwangshaft und Ordnungshaft gegen juristische Personen usw. generell ausgeschlossen, eine Konsequenz, die heute weithin abgelehnt wird. Die Argumentation Neumann-Duesbergs erklärt also nicht, warum im Gegensatz zur Handhabung im Zivilprozeß die Verhängung von Zwangshaft und Ordnungshaft gerade gegenüber dem Betriebsrat ausgeschlossen sein soll.

Mit einer etwas anderen Begründung lehnen *Dersch / Volkmar*[15] die Vollstreckung von Zwangshaft und Ordnungshaft gegen die Betriebsratsmitglieder ab. Dem einzelnen Mitglied komme im Verfahren gegen den Betriebsrat keine Beteiligtenstellung zu; zu erbringen sei außerdem eine Leistung des Betriebsrats als „Gesamtkollegiums", also eine Gesamtleistung, bei der die Anwendung von Strafen gegen einen Einzelnen begriff unmöglich sei. Das erste Argument bildet die prozessuale Parallele zu dem soeben angesprochenen Einwand Neumann-Duesbergs. Während jener die Verhaftung der Mitglieder des Betriebsrats aus materiell-rechtlichen Gründen mangels Passivlegitimation ausschließen will, wird hier dasselbe Ergebnis aus dem Fehlen der Prozeßführungsbefugnis (Beteiligungsbefugnis, § 83 Abs. 1 ArbGG[16]) der Mitglieder hergeleitet. Dagegen bestehen dieselben Bedenken. Der Betriebsrat kann im übrigen zur Wahrnehmung seiner Aufgaben und Befugnisse im Rahmen der Betriebsverfassung und ebenso im Prozeß durch die dazu berufenen Personen rechtlich erheblich handeln. Deren Handlungen und Erklärungen werden ihm wie eigene zugerechnet. Zumindest insoweit haben die Betriebsratsmitglieder keineswegs die Stellung verfahrensunbeteiligter Dritter[17].

---

§ 890 Anm. VIII, doch beruht das auf einem Fehlverständnis dieser Vorschrift (dazu schon oben § 1 Fußnote 17).

[14] Betriebsverfassungsrecht, S. 426. Vgl. auch *Dietz / Nikisch*, § 85 Anm. 19; *Maus*, ArbGG, § 85 Anm. 22.

[15] § 85 Anm. 1. Vgl. auch *Dietz*, DRiZ 1954, 25 (28).

[16] Vgl. dazu *Dersch / Volkmar*, § 83 Anm. 2; *Dietz / Nikisch*, § 83 Anm. 7 ff.; *Dütz / Säcker*, DB 1972, Beilage Nr. 17, S. 13; *Etzel*, RdA 1974, 215 (224 f.); *Galperin / Siebert*, Anh. § 82 Anm. 6 ff.; *Grunsky*, § 80 Anm. 29; *G. Müller*, JahrbArbR Bd. 9 (1971), 23 (36 f.); *Wiese*, Anm. AP Nr. 6 zu § 37 BetrVG 1972, Bl. 3; eingehend *Lepke*, AuR 1973, 107 ff.; *Wichmann*, AuR 1975, 294 ff.; abweichend *G. Hueck*, in Hueck / Nipperdey I, S. 975, der Beteiligungsbefugnis und Sachlegitimation gleichsetzt.

II. Vermögensunfähigkeit des Betriebsrats und Vollstreckung

Auch der Gedanke einer Gesamtleistung des Betriebsratskollegiums erweist sich bei näherer Betrachtung als nicht stichhaltig. Von einer Verpflichtung mehrerer zu einer Gesamtleistung spricht man, wenn der einzelne allein die Leistung nicht bewirken kann, sondern nur alle gemeinsam[18]. Es liegt auf der Hand, daß dann die Anwendung von Zwangsmitteln gegen ein einzelnes Betriebsratsmitglied ausscheidet, denn die zwangsweise herbeizuführende Handlung hängt nicht ausschließlich von seinem Willen ab (§ 888 Abs. 1 Satz 1 ZPO). Damit ist aber für die Frage einer Zwangsvollstreckung im Wege der Verhaftung von Mitgliedern des Betriebsrats nicht viel gewonnen. Das Argument der Gesamtleistung bezieht sich nämlich von den zivilprozessualen Vollstreckungsarten her gesehen ausschließlich auf unvertretbare Handlungen (§ 888 ZPO); vor allem bei Unterlassungspflichten (§ 890 ZPO) kann jeder Verstoß unabhängig von der Beteiligung anderer Betriebsratsmitglieder an dem Zuwiderhandelnden geahndet werden[19]. Unter den betriebsverfassungsrechtlichen Pflichten zur Vornahme unvertretbarer Handlungen bilden diejenigen zur Erbringung einer Gesamtleistung höchst seltene Ausnahmen[20], falls es sie überhaupt gibt. Zwar können die Betriebsratsmitglieder in ihrer Gesamtheit nach außen hin gemeinsam handelnd auftreten[21], hierzu verpflichtet sind sie aber nicht. Der entscheidende Einwand geht indessen dahin, daß bei der Erzwingung einer Gesamtleistung nur die Beschränkung der Vollstreckung auf einen der mehreren Schuldner ausgeschlossen ist, nicht aber die Vollstreckung schlechthin[22].

---

[17] Als prozessuale Konsequenz soll die Vernehmung der Betriebsratsmitglieder als Zeugen unzulässig sein; vgl. *RAG* ARS 12, 283 (284 f.); ARS 13, 119 (124); *Blank*, AuR 1959, 278 (280); *Depène / Rohlfing / Heinitz*, § 83 Anm. VI 3; *Dietz / Nikisch*, § 83 Anm. 41, § 87 Anm. 38; *Pohle*, Festschrift für A. Hueck, S. 175 (187 f.); *Rewolle*, AuR 1957, 273 (275); *Rohlfing / Rewolle*, § 83 Anm. 4; a. M. *Goldbaum*, § 83 Anm. II; *Grunsky*, § 10 Anm. 25; *Lieb / Gift*, § 83 Anm. 14; widersprüchlich *Dersch / Volkmar*, § 83 Anm. 6; *G. Müller*, JahrbArbR Bd. 9 (1971), 23 (38). Die detaillierten Regeln der §§ 26 - 28 BetrVG über die interne Willensbildung und die Vertretung des Betriebsrats verbieten indessen derart undifferenzierte Lösungen.

[18] Vgl. *RGZ* 24, 378 (381); *Enneccerus / Lehmann*, S. 355; *Erman / H. P. Westermann*, vor § 420 Anm. 17; *von Gierke* III, S. 246 f.; *Kreß*, S. 603; *Oertmann*, vor § 420 Anm. 5 b; *Palandt / Danckelmann* (28. Aufl. 1969), vor § 420 Anm. 4 d.

[19] Vertretbare Handlungen (§ 887 ZPO) scheiden per definitionem als Gesamtleistungen aus, weil ihre Vornahme durch Dritte erfolgen kann, d. h. auch durch einzelne der mehreren Schuldner. Zur Herausgabe von Sachen (§§ 883 ff. ZPO) und zur Abgabe einer Willenserklärung (§ 894 ZPO) unten 5.

[20] Vgl. auch *Palandt / Danckelmann* (28. Aufl. 1969), vor § 420 Anm. 4 d.

[21] Vgl. *Bührig*, in Handbuch der Betriebsverfassung, § 27 Anm. 10; *Fitting / Auffarth / Kaiser*, § 26 Anm. 32; *Galperin / Löwisch*, § 26 Anm. 27; *Küchenhoff* (1. Aufl. 1954), § 27 Anm. 6; *Wiese*, GK-BetrVG, § 26 Anm. 44.

[22] So zwar *RGZ* 24, 378 (381), jedoch ohne Begründung. Indessen bleibt die (gleichzeitige) Verhängung von Zwangsmaßnahmen gegen alle oder auch nur gegen die säumigen Schuldner unbenommen, vgl. *Falkmann / Hubernagel*,

Die von *Dersch / Volkmar* vorgebrachten Argumente gegen die Verhängung von Zwangshaft und Ordnungshaft stehen überdies in unlösbarem Widerspruch. Im Fall einer Gesamtleistung wären gerade die Betriebsratsmitglieder in ihrer Zusammenfassung materiell-rechtlich Schuldner der Verpflichtung; sie und nicht ein davon zu unterscheidendes Gebilde „Betriebsrat" wären damit zugleich als Antragsgegner (im Beschlußverfahren) und Vollstreckungsschuldner (in der Zwangsvollstreckung) Beteiligte. Selbst bei streng formaler Betrachtung trifft dann jedenfalls das Argument mangelnder Beteiligtenstellung der Betriebsratsmitglieder nicht zu[23].

4. Vollstreckung gegen den Betriebsobmann

Offen blieb bisher die in der Literatur nicht erörterte Frage nach den Vollstreckungsmöglichkeiten gegen den Betriebsobmann (§ 9 BetrVG). Die Rechtsstellung des Ein-Mann-Betriebsrats entspricht in jeder Hinsicht derjenigen eines mehrköpfigen Gremiums[24]. Folglich haben die dargelegten Grundsätze zur Zwangsvollstreckung gegen den Betriebsrat ohne Einschränkung zu gelten: Da ein dem Betriebsobmann kraft seiner Funktion und unabhängig von dem jeweiligen individuellen Funktionsträger zuzuordnendes Sondervermögen nicht existiert, müßte die zwangsweise Verwirklichung seiner Pflichten grundsätzlich ausscheiden. Andererseits zögert man nicht, die Zwangsvollstreckung aus arbeitsgerichtlichen Beschlüssen, die einzelnen Betriebsratsmitgliedern eine Verpflichtung auferlegen, uneingeschränkt zuzulassen[25]. Daß auch im Fall des Betriebsobmanns die betriebsverfassungsrechtliche Institution sich rein gedanklich trennen läßt von ihrem einzigen „Mitglied", räumt den darin begründeten Widerspruch nicht aus. Denn das Amt des Betriebsobmanns kann sinnvollerweise nur als ein einheitlicher, durch Gesetz, Tarifvertrag und Betriebsvereinbarung gezogener Aufgaben- und Pflichtenkreis begriffen werden[26], und das gilt auch im

---

§ 888 Anm. 3 b, 7 d; *Schultzenstein*, ZZP 35 (1906), 475 (501); ferner *Baumann*, S. 388; *Baumbach / Lauterbach / Albers / Hartmann*, § 888 Anm. 1 C; *Stein / Jonas / Münzberg*, § 888 Anm. I 2; *Wieczorek*, § 888 Anm. A I b 2, die ganz entsprechend nur die Vollstreckung gegen einen der mehreren Schuldner ausschließen.

[23] Gleichwohl wäre die Anwendung von Zwangshaft und Ordnungshaft gegenüber dem Betriebsrat dann unzulässig, wenn gegen ihn kein Zwangsgeld oder Ordnungsgeld verhängt werden dürfte; doch beruht das auf spezifisch betriebsverfassungsrechtlichen Gründen; dazu unten § 5 I 1.

[24] Vgl. nur *Dietz / Richardi*, § 9 Anm. 13; *Hueck / Nipperdey* II/2, S. 1156; *Thiele*, GK-BetrVG, § 9 Anm. 14. Unterschiede ergeben sich lediglich daraus, daß Vorschriften des Betriebsverfassungsrechts zuweilen eine bestimmte Anzahl von Betriebsangehörigen voraussetzen, z. B. §§ 95 Abs. 2, 99, 106, 110 Abs. 1 und 2, 111 BetrVG.

[25] Vgl. die Angaben unten Fußnote 65.

Hinblick auf die Zwangsvollstreckung. Die herrschende Doktrin führt also zu dem merkwürdigen Ergebnis, daß entweder entgegen allgemeinen Grundsätzen der Betriebsobmann in der Zwangsvollstreckung anders zu behandeln ist als ein mehrköpfiges Gremium oder aber daß er im Gegensatz zu anderen Betriebsratsmitgliedern das Privileg genießt, grundsätzlich keiner Zwangsvollstreckung ausgesetzt zu sein. Die über die Nichtvermögensfähigkeit des Betriebsrats hinausreichenden Einwände der herrschenden Lehre insbesondere gegen die Verhängung von Zwangshaft und Ordnungshaft nach §§ 888, 890 ZPO versagen hier überdies ungeachtet der bereits dargelegten Bedenken. Das gilt in erster Linie für das Argument der Gesamtleistung, ebenso aber für die angeblich fehlende Beteiligtenstellung bzw. Passivlegitimation der Mitglieder.

5. Herausgabevollstreckung und Verurteilung zur Abgabe einer Willenserklärung als Ausnahmen

Die herrschende Lehre vom grundsätzlichen Ausschluß der Zwangsvollstreckung gegen den Betriebsrat erfährt eine wichtige und wohl auch folgerichtige Einschränkung dahin, daß jedenfalls die unmittelbare (zwangsweise) Durchsetzung von Pflichten des Betriebsrats möglich ist[27]. Gemeint ist die Vollstreckung betriebsverfassungsrechtlicher Ansprüche auf Herausgabe von Sachen nach §§ 883 ff. ZPO, die kein Vermögen des Vollstreckungsschuldners voraussetzt. Der Gerichtsvollzieher hat lediglich die herauszugebende Sache wegzunehmen bzw. — im Fall der Räumung — den Betriebsrat aus dem Besitz zu setzen und sie dem Vollstreckungsgläubiger zu übergeben. Die Vollstreckungsmaßnahmen knüpfen an den unmittelbaren Besitz des Vollstreckungsschuldners an[28]. Ganz entsprechend weist man dem Betriebsrat den unmittelbaren Besitz an den von ihm benutzten Unterlagen, sachlichen Mitteln, Räumen usw. zu[29]. Ob diese Annahme allerdings mit der be-

---

[26] Es ist müßig, hier verschiedene, in einer Person vereinigte Funktionen (des „Betriebsrats", des „Vorsitzenden" — vgl. etwa §§ 26 Abs. 3, 27 Abs. 4, 29 Abs. 3, 4 BetrVG —, des nach §§ 82 ff. BetrVG zugezogenen „Mitglieds" usw.) oder gar verschiedene Adressaten der Friedenspflicht, des Verbots parteipolitischer Betätigung usw. konstruieren zu wollen.

[27] Vgl. *Dietz / Nikisch*, § 85 Anm. 19; *Dütz*, ZfA 1972, 247 (251); *Maus*, ArbGG, § 85 Anm. 22; *Rewolle*, BB 1974, 888 (889); a. M. wohl *Dersch / Volkmar*, § 85 Anm. 1.

[28] Vgl. nur *Baumbach / Lauterbach / Albers / Hartmann*, § 808 Anm. 3 A, § 883 Anm. 2; *Stein / Jonas / Münzberg*, § 808 Anm. II, § 883 Anm. II; *Wieczorek*, § 883 Anm. B I.

[29] Vgl. *ArbG Paderborn*, SAE 1955, 108 (109) mit zustimmender Anmerkung von *Schubert; Bitzer*, BUV 1972, 125 (150); *Bobrowski / Gaul*, S. 792; *W. Böhm*, RdA 1974, 88 (92); *Erdmann / Jürging / Kammann*, § 40 Anm. 12; *Fitting / Auffarth / Kaiser*, § 40 Anm. 21; *Galperin / Löwisch*, § 40 Anm. 41; *Hässler*, S. 64 f.; *Rewolle*, BB 1974, 888 (889); *Wiese*, GK-BetrVG, § 40 Anm. 31.

haupteten Vermögensunfähigkeit des Betriebsrats zu vereinbaren ist — obschon ein lediglich tatsächliches Verhältnis, wird der Besitz im Ergebnis wie ein dingliches Recht behandelt[30] —, mag einstweilen dahinstehen[31]. Denn auf keinen Fall haben der Arbeitgeber oder ein anderes Subjekt der Betriebsverfassung Gewaltrechte gegen den Betriebsrat, wenn sie die Herausgabe einer Sache verlangen, die sich bei dem Betriebsrat befindet; sie sind vielmehr auf die Möglichkeit der Zwangsvollstreckung angewiesen.

Hiervon ausgehend wäre es nur konsequent, auch die Verpflichtung des Betriebsrats zur Abgabe der eidesstattlichen Versicherung nach § 883 Abs. 2 ZPO zu bejahen, wenn der Gerichtsvollzieher die herauszugebende bewegliche Sache nicht vorfindet. Diese Frage blieb aber bislang unerörtert[32]. Da nur natürliche Personen etwas an Eides Statt versichern können, müßten andererseits dieselben — unzureichenden — Argumente Verwendung finden wie zum Ausschluß von Zwangshaft und Ordnungshaft nach §§ 888, 890 ZPO; dies um so mehr, als nach § 901 ZPO die eidesstattliche Versicherung mittels Haft erzwungen werden kann.

Auch die Verurteilung des Betriebsrats zur Abgabe einer Willenserklärung wird im Schrifttum nicht erwähnt. Da das Gesetz die abzugebende Erklärung mit Rechtskraft des verurteilenden Beschlusses fingiert, es also auf ein Vermögen des Vollstreckungsschuldners nicht ankommt, dürfte diese Art der „Vollstreckung" betriebsverfassungsrechtlicher Pflichten ebenfalls von dem Verdikt der herrschenden Lehre auszunehmen sein.

III. Betriebsrat als Vollstreckungsschuldner — zwangsweiser Zugriff auf das Vermögen Dritter

Das gemeinhin derart in den Vordergrund gestellte Argument der Vermögensunfähigkeit des Betriebsrats besagt lediglich, daß mangels eines Betriebsratsvermögens eine diesbezügliche Zwangsvollstreckung ausgeschlossen ist. Der Gedanke führt aber nicht notwendigerweise zur völligen Ablehnung der (vermögensbezogenen) Zwangsvollstreckung, wenn der Betriebsrat als nach dem Beschluß Verpflichteter und Vollstreckungsschuldner betroffen ist. Der Überlegung wert ist immerhin, ob nicht aufgrund allgemeiner prozessualer Grundsätze oder

---

[30] Vgl. nur *Baur*, S. 73; *Westermann*, S. 55; ferner — mit umfassenden Nachweisen — *Staudinger / Seufert*, Vorbem. § 854 Anm. 10.
[31] Dazu unten § 6 I 1.
[32] Einzig *Rewolle*, BB 1974, 888 (889), und *Scholz*, S. 60, halten die Betriebsratsmitglieder zur Abgabe der Erklärung für verpflichtet.

spezifisch betriebsverfassungsrechtlicher Gesichtspunkte andere, schuldnerfremde Vermögen dem Zugriff des Gläubigers offenstehen, gerade weil ein Vermögen des Vollstreckungsschuldners nicht existiert. Im Schrifttum wird eine Vollstreckung in das Vermögen des Arbeitgebers oder der Mitglieder des Betriebsrats erwogen, doch fast immer abgelehnt.

1. Arbeitgeber

Den Ausgangspunkt der Überlegungen zur Heranziehung des Arbeitgebervermögens in der Zwangsvollstreckung gegen den Betriebsrat bildet die Vorschrift des § 40 Abs. 1 BetrVG. Die im Vollstreckungswege beizutreibenden Beträge sind möglicherweise durch die Tätigkeit des Betriebsrats entstehende Kosten, die der Arbeitgeber zu tragen hat. Das wird aber allgemein und jedenfalls im Ergebnis mit Recht abgelehnt[33]. Auf die Frage, ob erforderliche[34] Kosten im Sinne der genannten Bestimmung vorliegen, kommt es allerdings nicht an[35]. Die Vollstreckung aus einem den Betriebsrat verurteilenden Beschluß unmittelbar in das Vermögen des Arbeitgebers scheitert deshalb, weil dieser allenfalls nach materiellem Recht freistellungs- bzw. regreßpflichtig ist; daraus ergibt sich noch keine Befugnis des Vollstreckungsgläubigers, in das Vermögen des Pflichtigen zu vollstrecken[36]. Ungeachtet der organisatorischen Verflechtung im Unternehmen[37] ist jedenfalls im arbeitsgerichtlichen Verfahren der Arbeitgeber ein von dem Betriebsrat zu unterscheidendes Prozeßsubjekt und deshalb in der Zwangsvollstreckung ein Dritter. Das macht der Fall eines Rechtsstreits zwischen den Betriebspartnern deutlich, in dem diese sich wie Parteien im Zivilprozeß gegenüberstehen.

Hiergegen konnte nun eingewendet werden, wenn dem Vollstreckungsgläubiger (bzw. im Fall der §§ 888, 890 ZPO dem Justizfiskus) schon der unmittelbare Zugriff auf das Vermögen des Arbeitgebers versperrt sei, so müsse er doch wenigstens die Möglichkeit haben, einen eventuellen Erstattungsanspruch des Betriebsrats zu pfänden und sich überweisen zu lassen. Einen dahingehenden Anspruch des Betriebsrats

---

[33] Vgl. *Dersch / Volkmar*, § 85 Anm. 1; ebenso *Brändel*, S. 183; *K.-J. Schmidt*, S. 128; *Scholz*, S. 62 f.

[34] Ungeschriebenes Tatbestandsmerkmal; vgl. dazu und zum Begriff der Erforderlichkeit *Dietz / Richardi*, § 40 Anm. 5 f.; *Wiese*, GK-BetrVG, § 40 Anm. 5, mit Nachweisen.

[35] So aber *Dersch / Volkmar*, § 85 Anm. 1. Gegenbeispiel: Die Vornahme der Handlung durch einen Dritten (§ 887 ZPO) verursacht keine zusätzlichen Kosten.

[36] Zur Zwangsvollstreckung gegen den Drittschuldner bedarf es — nach Pfändung und Überweisung der Forderung — eines neuen Titels, vgl. nur *Stein / Jonas / Münzberg*, § 835 Anm. V 2; ferner § 841 ZPO.

[37] Näheres unten § 4 I.

als solchen kann es aber angesichts seiner Vermögensunfähigkeit ebensowenig geben wie den zugrunde liegenden Zahlungsanspruch des Vollstreckungsgläubigers. Zudem widerspräche ein solches Vorgehen dem Sinn der Vollstreckungsmaßnahmen, wenn die Rolle des Vollstreckungsgläubigers gerade dem Arbeitgeber zufällt[38].

2. Mitglieder des Betriebsrats

Der Mangel eines Betriebsratsvermögens legt den Gedanken nahe, wegen der Kosten der Ersatzvornahme (§ 887 ZPO) und der Zwangs- und Ordnungsgelder nach §§ 888, 890 ZPO in das Vermögen der Mitglieder des Betriebsrats zu vollstrecken. Die in der Literatur vorherrschende Auffassung lehnt das jedoch ab. Man argumentiert im wesentlichen wie gegen die Vollziehung der Haft nach §§ 888, 890 ZPO, die Betriebsratsmitglieder schuldeten nicht die Erfüllung der zwangsweise durchzusetzenden Verpflichtung[39], ihnen fehle die Beteiligtenstellung[40], und es handele sich um Gesamtverpflichtungen[41]. Diese Ansicht überzeugt schon vom Ergebnis her deswegen nicht, weil die persönliche Haftung der Betriebsratsmitglieder aus einem pflichtwidrigen Verhalten des Betriebsrats nach materiellem Recht nahezu einmütig bejaht wird[42]. Hinsichtlich ihrer Begründung kann weitgehend auf die oben (II 3 und 4) angestellten Überlegungen verwiesen werden. Allerdings ist zuzugeben, daß zivilprozessualen Grundsätzen zufolge die Zwangs- und Ordnungsgelder nach §§ 888, 890 ZPO allein das Vermögen der juristischen Person treffen, nicht das ihrer Organpersonen[43]; das gilt auch für die Kosten der Ersatzvornahme nach § 887 ZPO. Die Übernahme dieser Grundsätze in das betriebsverfassungsrechtliche Vollstreckungsverfahren muß aber nicht notwendig zum gleichen Ergebnis führen.

Das als unbefriedigend empfundene Resultat der herrschenden Doktrin führte mehrfach zu dem Versuch, auf dem Boden dieser Lehre ein Einstehenmüssen der Betriebsratsmitglieder in der Zwangsvollstreckung gegen den Betriebsrat zu begründen[44]. So wird vorgebracht, die

---
[38] So auch die oben Fußnote 33 Genannten.
[39] *Dietz / Nikisch*, § 85 Anm. 19; *Maus*, ArbGG, § 85 Anm. 22; vgl. auch *Neumann-Duesberg*, S. 426.
[40] *Dersch / Volkmar*, § 85 Anm. 1; *Dietz*, DRiZ 1954, 25 (28).
[41] *Dersch / Volkmar*, § 85 Anm. 1.
[42] Vgl. statt aller *Dietz / Richardi*, vor § 26 Anm. 7 ff.; *Hueck / Nipperdey* II/2, S. 1106 ff.; *Kraft*, GK-BetrVG, § 1 Anm. 52 f.
[43] Vgl. vorerst nur *Blomeyer*, S. 452, 461; *Stein / Jonas / Pohle* (18. Aufl. 1956), § 888 Anm. IV, § 890 Anm. V; eingehend unten § 3 II.
[44] Vgl. die Arbeiten von *Brändel* (S. 183 ff.), *K.-J. Schmidt* (S. 128 ff.) und *Scholz* (S. 62 ff.); ferner *Rewolle*, BB 1974, 888 (889). *Heinze*, DB 1973, 2089 (2096), weicht dem Problem aus, wenn er die — von ihm unterstellte — Verpflichtung des Betriebsrats zu einer Beschlußfassung im Wege der

Mitglieder treffe kraft ihres Amtes die Pflicht zur Wahrung der Betriebsverfassung; sie hätten auf deren Beachtung hinzuwirken und sich für die Befolgung der den Betriebsrat verurteilenden Beschlüsse einzusetzen, weil eine solche Entscheidung zugleich ihre eigenen Pflichten konkretisiere. Die prozessuale Verwirklichung erfolge durch ausdrückliche Anordnung des Arbeitsgerichts gegenüber den Mitgliedern und anschließende Zwangsvollstreckung nach allgemeinen Grundsätzen. Von einer gesonderten Anordnung könne abgesehen werden, wenn die einzelnen Mitglieder in dem Beschluß aufgeführt seien[45]. Das mag alles in materiell-rechtlicher Hinsicht richtig sein, enthält aber keine Lösung des gestellten Problems. Denn die Durchsetzung der angesprochenen Verpflichtung der Mitglieder des Betriebsrats ist etwas ganz anderes als eine zwangsweise Verwirklichung von Pflichten des Betriebsrats selbst, sofern man in Übereinstimmung mit der herrschenden Lehre unter der Institution Betriebsrat ein von ihren Mitgliedern zu unterscheidendes eigenständiges Subjekt betriebsverfassungsrechtlicher Rechte und Pflichten versteht. An die Stelle der Zwangsvollstreckung gegen das Prozeßsubjekt Betriebsrat tritt hier eine Vollstreckung gegen andere Subjekte wegen anderer Ansprüche. Selbst wenn der Vollstreckungsgläubiger sein Ziel bei einem solchen Vorgehen in ähnlicher Weise zu erreichen vermag, so gibt das doch keine Antwort darauf, ob und auf welche Weise er auch die Vollstreckung gegen den Betriebsrat betreiben kann. Im übrigen ist die zwangsweise Durchsetzung von Pflichten der Betriebsratsmitglieder auf der Grundlage des gegen den Betriebsrat ergangenen Beschlusses unzulässig. Dazu bedarf es eines eigenen Vollstreckungstitels in Gestalt eines Leistungsbeschlusses, der — bei demgemäßer Antragstellung[46] — den dann selbständig am Verfahren beteiligten Mitgliedern eine entsprechende Verpflichtung auferlegt (§ 85 Abs. 1 Satz 1 ArbGG). Soweit nur der Betriebsrat als Prozeßsubjekt beteiligt ist, bilden ausschließlich seine Rechte und Pflichten den Gegenstand des Verfahrens und des verfahrensbeendigenden (verurteilenden) Beschlusses.

Zwangsvollstreckung gegen die Betriebsratsmitglieder (§ 85 Abs. 1 ArbGG, § 888 ZPO) wegen ihrer (angeblichen) Stimmpflicht zwangsweise durchsetzen will.

[45] Vgl. *Brändel*, S. 184 f.; *K.-J. Schmidt*, S. 129.

[46] Das Arbeitsgericht darf nicht von sich aus einen die Mitglieder verurteilenden Beschluß erlassen. Insoweit gilt unbestritten die Dispositionsmaxime, vgl. etwa BAG AP Nr. 3 zu § 56 BetrVG Ordnung des Betriebes, Bl. 1 R; AP Nr. 10, Bl. 3 R f., Nr. 18, Bl. 2 R zu § 76 BetrVG; AP Nr. 3 zu § 89 ArbGG 1953, Bl. 2 R; *Auffarth / Schönherr*, § 81 Anm. 13; *Dersch / Volkmar*, § 84 Anm. 2 a; *Dietz*, DRiZ 1954, 25 (27); *Dietz / Nikisch*, § 81 Anm. 24; *Galperin / Siebert*, Anh. § 82 Anm. 7 a, 11; *Grunsky*, § 80 Anm. 27 (vgl. auch § 85 Anm. 7); *G. Hueck*, in Hueck / Nipperdey I, S. 977 f.; *Marzen*, Justizblatt des Saarlandes 1960, 34 (36); *G. Müller*, JahrbArbR Bd. 9 (1971), 23 (45); *Pohle*, Festschrift für A. Hueck, S. 175 (184); ders., SAE 1961, 25; *Schaub*, S. 415; *Schnorr von Carolsfeld*, S. 502; *Wiese*, Beschlußverfahren, S. 109.

Wesentlich überzeugender und von der Sache her geboten ist demgegenüber der Vorschlag, die allgemeinen zivilprozessualen Grundsätze zur Zwangsvollstreckung gegen juristische Personen und andere im Vollstreckungsverfahren parteifähige Gebilde auf den Betriebsrat zu übertragen[47]. *Scholz* beschränkt sich allerdings stark vereinfachend auf einen Vergleich mit dem nichtrechtsfähigen Verein und sieht schlicht in der „Versammlung der einzelnen Betriebsratsmitglieder" die Parallele zum Vereinsvorstand; das entscheidende Bedenken findet gar nicht erst Erwähnung, daß nämlich die Zwangs- und Ordnungsgelder nach §§ 888, 890 ZPO nicht gegen den Vorstand persönlich, sondern in das Vereinsvermögen vollstreckt werden[48]. Über diesen Einwänden sollte aber nicht übersehen werden, daß hier erstmalig ein Weg zu angemessenen Problemlösungen beschritten wurde.

IV. Theorie der partiellen Vermögensfähigkeit des Betriebsrats

Die aufgezeigten Begründungsschwierigkeiten und inneren Widersprüche der herrschenden Lehre bewogen *Dütz / Säcker*[49] zu der schon vom Ansatz her grundlegend abweichenden Auffassung, der Institution Betriebsrat partielle Rechts- und Vermögensfähigkeit zuzugestehen und die Vollstreckung in ein dem Betriebsrat zugewiesenes Sondervermögen zuzulassen. Der Betriebsrat sei imstande, zur Wahrnehmung seiner Aufgaben Verbindlichkeiten einzugehen und auch zu erfüllen. Ein Betriebsratsvermögen existiere häufig in Gestalt eines vom Arbeitgeber bereitgestellten Fonds zur Bestreitung der Geschäftsführungskosten des Betriebsrats (Ansammlung von pauschalierten Kostenvorschüssen), über den periodisch abgerechnet werde. Zumindest habe der Betriebsrat wegen seiner Aufwendungen im Rahmen seiner Tätigkeit Ansprüche gegen den Arbeitgeber auf Kostenerstattung bzw. Freistellung (§ 40 Abs. 1 BetrVG). Ein die Zwangsvollstreckung ermöglichendes Haftungsvermögen sei daher in jedem Fall gegeben.

Dieser Ansatz bietet zweifellos eine elegante und zweckentsprechende Lösung des Problems der zwangsweisen Durchsetzung von Pflichten

---

[47] *Scholz*, S. 64 ff. Vgl. auch *Grunsky*, § 85 Anm. 5; *Rewolle*, BB 1974, 888 (889); *Schaub*, S. 424.
[48] Dazu unten § 3 II.
[49] DB 1972, Beilage Nr. 17, S. 7, 15 f.; ebenso *Däubler*, AcP 175 (1975), 181 (182 f.) — anders *ders.*, Schulung und Fortbildung, S. 129 —; *Dütz*, AuR 1973, 353 (356); *ders.*, Mitt. Dt. ArbGerVerb. 1975, Nr. 36, S. 3; *ders.*, Anm. EzA Nr. 2 zu § 76 BetrVG 1972, S. 22 e — anders noch *ders.*, ZfA 1972, 247 (250 f.) —; *Leser*, AR-Blattei D, Betriebsverfassung VIII A, V 4 b; im Ergebnis auch *Grunsky*, § 85 Anm. 4 f.; *Stein / Jonas / Münzberg*, § 890 Anm. VIII. Vgl. ferner *Lobscheid*, AuR 1971, 222 ff.; *Napp*, WA 1955, 103.

IV. Partielle Vermögensfähigkeit des Betriebsrats

des Betriebsrats. Freilich gerät die betriebsverfassungsrechtliche Institution damit in die Nähe der (vermögensfähigen) juristischen Personen. Dütz / Säcker befassen sich zwar nur mit der Zwangsvollstreckung wegen der gegen den Betriebsrat gerichteten Geldforderungen (§§ 803 ff. ZPO), doch liegt eine Vollstreckung wegen sämtlicher Verpflichtungen des Betriebsrats (§§ 887 ff. ZPO) in das ihm zuzuordnende Sondervermögen in der Konsequenz ihrer Ausführungen[50]. Die vorgebrachten Gründe für die Existenz eines solchen Vermögens tragen indessen ihre Behauptung nicht. Wenn der Arbeitgeber auf die im Rahmen der Betriebsratstätigkeit anfallenden Kosten pauschal Vorschüsse gewährt, zum Beispiel Barmittel zur Verfügung stellt oder ein eigenes Konto einrichtet, so bezweckt er damit im wesentlichen nur eine buchungsmäßig einfachere Abrechnung; er wird deshalb dem Betriebsrat bzw. den „Zeichnungsberechtigten" lediglich Vertretungsmacht (§§ 164 ff. BGB) oder Verfügungsbefugnis (§ 185 Abs. 1 BGB) einräumen[51], nicht aber eine geänderte Rechtszuständigkeit begründen wollen. Zudem bleibt unklar, wer eigentlich die betreffenden Mittel erwirbt, wenn dennoch ein so weitgehender Wille des Arbeitgebers unterstellt wird. Eine Übertragung auf den Betriebsrat als solchen hat nämlich dessen Rechtssubjektivität gerade zur Voraussetzung. Die (partielle) Rechts- und Vermögensfähigkeit des Betriebsrats läßt sich demnach allein durch den Hinweis auf die Ansammlung von pauschalierten Kostenvorschüssen nicht begründen[52].

Demgegenüber will *Däubler*[53] die Existenz eines der Zwangsvollstreckung zugänglichen Betriebsratsvermögens aus der „Grundkonzeption" des Gesetzes herleiten, „wonach der Betriebsrat durch Handeln in eigenem Namen, aber im Interesse der Belegschaft eine betriebliche Selbstbestimmungsordnung zu realisieren hat". Abgesehen davon, daß der Betriebsrat nicht von sich aus, sondern nur im Zusammenwirken mit dem Arbeitgeber auf dieses Ziel hinwirken kann, ist es gerade Inhalt und Aufgabe einer Betriebs*verfassung*, die Arbeitnehmer und insbesondere ihre Vertretungen in den Betrieb bzw. das Unternehmen zu integrieren[54] und die Verhältnisse im Unternehmen gleichsam von innen her in Richtung auf die verstärkte Achtung der Arbeitnehmer als Persönlichkeit, ihrer Würde und Persönlichkeitsentfaltung

---

[50] So ausdrücklich *Grunsky*, § 85 Anm. 5.
[51] Dies setzt nicht (Voll-)Rechtsfähigkeit, sondern lediglich Handlungsfähigkeit voraus, die aber der Betriebsrat ausweislich seiner Aufgaben und Befugnisse besitzt. Vgl. zum Verhältnis beider unten § 4 Fußnote 34.
[52] Kritisch auch *W. Böhm*, RdA 1974, 88 (90); *Däubler*, Schulung und Fortbildung, S. 129; *Dietz / Richardi*, § 40 Anm. 4; ferner schon *Fischer*, RdA 1961, 230; *Scholz*, S. 54.
[53] AcP 175 (1975), 181 (183).
[54] Dazu unten § 4 I.

im Arbeitsverhältnis[55] zu verändern. Wenn auch die Erreichung dieses Ziels die weitgehende persönliche und sachliche Unabhängigkeit der Mitglieder des Betriebsrats[56] erfordert, so mindert doch jede „Emanzipation" der Arbeitnehmer und ihrer Vertretungen vom Unternehmen — und sei es durch Schaffung eines angeblich finanzielle Selbständigkeit verleihenden Sondervermögens — die Aussichten zur bestmöglichen Nutzung und Ausschöpfung der vom Gesetz gewährten Einflußmöglichkeiten. Betriebsverfassung heißt nicht Veränderung durch Konfrontation („Gegenmacht")[57], sondern Wandel durch die Pflicht zur Kooperation. Allerdings ist Däubler zuzugestehen, daß die Annahme eines Betriebsratsvermögens zu einer Beschränkung der (rechtsgeschäftlichen) Haftung der Betriebsratsmitglieder führt[58], die den Grundsätzen des Ehrenamts und der Unentgeltlichkeit (§§ 37 Abs. 1, 78 Satz 2 BetrVG) durchaus entspricht. Eine rechtsgeschäftliche Haftung steht aber nur in Rede, wenn der Betriebsrat überhaupt in der Lage ist, Verträge im eigenen Namen und mit der Folge unmittelbar eigener Berechtigung und Verpflichtung zu schließen; das aber ist gerade nicht der Fall[59].

Der Nachweis eines haftenden Vermögens wäre indessen gelungen, wenn das Gremium Betriebsrat wenigstens Kostenerstattungsansprüche gegen den Arbeitgeber haben, also Gläubiger von Geldforderungen sein könnte[60]. Der Wortlaut des § 40 Abs. 1 BetrVG scheint diese Auffassung zu bestätigen. Indessen erfordert ein Anspruch auf Kostenerstattung schon begrifflich, daß dem Berechtigten zuvor Kosten entstanden sind; er muß daher — aus seinem Vermögen — vermögenswerte Leistungen erbracht haben. Kostenerstattungsansprüche des Betriebsrats setzen also voraus, was sie beweisen sollen, daß nämlich ein Betriebsratsvermögen existiert. Die Vorschrift des § 40 Abs. 1

---

[55] Vgl. Wiese, ZfA 1971, 273 (275 Fußnote 14); ders., RdA 1973, 1 (2) mit Nachweisen.

[56] Vgl. §§ 37, 40, 41, 78, 78 a, 103 BetrVG, § 15 KSchG, § 29 a Heimarbeitsgesetz. Auch die gesetzlich vorgeschriebene Zusammenarbeit mit den im Betrieb vertretenen Gewerkschaften (§ 2 Abs. 1 BetrVG) hat in diesem Zusammenhang beträchtliche praktische Bedeutung.

[57] So aber Reuter, Anm. EzA Nr. 5 zu § 20 BetrVG 1972, S. 23 (Betriebsrat als „gewerkschaftsähnlicher sozialer Gegenspieler"); Reuter / Streckel, S. 4 ff.; Rose, AuR 1972, 309 (313); Weiss, RdA 1974, 269 (273, „Gegengewichtsfunktion des Betriebsrats"); eingehend Däubler, Grundrecht auf Mitbestimmung, S. 64 ff. mit Nachweisen. Dagegen mit Recht Buchner, DB 1974, 530 ff.

[58] Vgl. allgemein zum Zusammenhang von Rechtsfähigkeit und Haftung Pawlowski, S. 50 f., 67 f. Däubler verkennt zudem, daß bei Annahme einer (partiell) rechtsfähigen Institution Betriebsrat insoweit die Haftung der Mitglieder gänzlich entfiele.

[59] Zur Begründung unten § 4 II.

[60] So Dütz / Säcker, DB 1972, Beilage Nr. 17, S. 7, 16. Die daselbst, Fußnote 25, Genannten sprechen in der Tat ebenfalls von Ansprüchen des Betriebsrats als solchen; dazu unten § 4 II a. E.

IV. Partielle Vermögensfähigkeit des Betriebsrats

BetrVG hat demgegenüber lediglich die Bedeutung, angesichts des Umstands, daß die Tätigkeit des Betriebsrats Geld kostet, in Übereinstimmung mit §§ 37 Abs. 1, 41, 78 Satz 2 BetrVG anzuordnen, daß unter den denkbaren Kostenträgern (Arbeitgeber, Arbeitnehmer, Betriebsratsmitglieder usw.) allein der Arbeitgeber die erforderlichen Mittel aufzubringen hat. Die Frage der technischen Abwicklung und ihre dogmatische Erklärung bleiben dagegen offen.

Schließlich ist die ebenfalls von Dütz / Säcker angeführte Möglichkeit zu erörtern, daß der einem Dritten gegenüber verpflichtete Betriebsrat nach § 40 Abs. 1 BetrVG, § 257 BGB von dem Arbeitgeber die Freistellung von der Verbindlichkeit verlangen kann, selbst wenn ein besonderes Haftungsvermögen des Betriebsrats nicht besteht. Der Freistellungsanspruch kann an den Gläubiger der zugrunde liegenden Verpflichtung abgetreten und in der Zwangsvollstreckung zu dessen Gunsten gepfändet und ihm überwiesen werden; er verwandelt sich dabei in einen Zahlungsanspruch gegen den Erstattungspflichtigen[61]. Auch insoweit handelt es sich um vermögenswerte Rechte. Ein „Betriebsratsvermögen" besteht bei Anerkennnung solcher Ansprüche des Betriebsrats allerdings nur jeweils in Beziehung auf einen konkreten Gläubiger, der allein dieses „Vermögensobjekt" zu realisieren vermag. Von einer (partiellen) Vermögensfähigkeit des Betriebsrats kann dann kaum noch gesprochen werden. Diese Konstruktion wie überhaupt die gesamte Argumentation von Dütz / Säcker verweist letztlich auf die Frage nach der Fähigkeit des Betriebsrats, sich auf dem Gebiet des Vermögensrechts rechtsgeschäftlich zu verpflichten. Entsprechende gesetzliche Verpflichtungen sind dem geltenden Recht fremd[62]. Wenn der Betriebsrat als solcher in keinem Fall eigene Verbindlichkeiten

---

[61] Vgl. *RGZ* 80, 183 f.; 81, 250 (252, 253 f.); *BGHZ* 12, 136 (141 f.), ständige Rechtsprechung; ferner *Soergel / Reimer Schmidt*, § 399 Anm. 3; *Stein / Jonas / Münzberg*, § 851 Anm. III 4.

[62] *Dütz / Säcker*, DB 1972, Beilage Nr. 17, S. 7 mit Fußnote 25, behaupten zwar einen Anspruch der Betriebsratsmitglieder gegen den Betriebsrat aus § 40 Abs. 1 BetrVG auf Ersatz der Kosten, die ihnen wegen der Teilnahme an Schulungs- und Bildungsveranstaltungen (§ 37 Abs. 6 BetrVG) entstanden sind; ebenso *Dütz*, AuR 1973, 353 (356); *Lepke*, AuR 1973, 107 (113); *Leser*, AR-Blattei D, Betriebsverfassung VIII A, V 4 b. Das ist aber ein überflüssiger und dogmatisch keineswegs zwingender Umweg. Wenn die an der Veranstaltung teilnehmenden Betriebsratsmitglieder die Kosten aus ihrem Vermögen bestritten haben, so spricht alles dafür, ihnen einen unmittelbaren, im Beschlußverfahren geltend zu machenden Anspruch gegen den Arbeitgeber zu gewähren; das gilt auch für die Ansprüche auf Vorschuß und Befreiung von der Verbindlichkeit. So auch die Handhabung in der Praxis — vgl. etwa den Sachverhalt der bei *Wiese*, BlStSozArbR 1974, 353 (363 ff.) zitierten Entscheidungen — und die ganz h. M., vgl. *BAG* AP Nr. 8 zu § 39 BetrVG, Bl. 1 R; AP Nr. 6, Bl. 1 R, Nr. 8, Bl. 1 R, Nr. 9, Bl. 2 zu § 37 BetrVG 1972, AP Nr. 2 zu § 40 BetrVG 1972, Bl. 1 R; sowie *Wiese*, Anm. AP Nr. 6 zu § 37 BetrVG 1972, Bl. 3 mit umfassenden Nachweisen (daselbst — Bl. 3 R — auch zur Möglichkeit gewillkürter Prozeßstandschaft des Betriebsrats).

(Forderungen) begründen kann, ist die Frage nach Ansprüchen des Betriebsrats auf Vorschuß, Kostenerstattung oder Freistellung und damit nach einem die Vollstreckung zulassenden Betriebsratsfonds müßig. Daß aber der Betriebsrat zur Wahrnehmung seiner Aufgaben am allgemeinen Rechtsverkehr teilnehmen, insbesondere mit Rechtssubjekten außerhalb der Betriebsverfassung kontrahieren könne, wird von den genannten Autoren zwar andeutungsweise behauptet, nicht aber begründet[63].

V. Arbeitgeber und sonstige Beteiligte als Vollstreckungsschuldner

Im Gegensatz zum Betriebsrat besitzt der Arbeitgeber (Betriebsinhaber, Unternehmer) in jedem Fall (Voll-)Rechtsfähigkeit. Unabhängig von der Rechtsform des Unternehmens soll deshalb die Zwangsvollstreckung nach allgemeinen zivilprozessualen Grundsätzen ohne Einschränkung möglich sein[64]. Diese These bedarf aber in zweifacher Hinsicht der Überprüfung: Zum einen ist bislang keineswegs ausgemacht, wer eigentlich Arbeitgeber im Sinne des Betriebsverfassungs- und damit des Vollstreckungsrechts ist; außerdem können aus betriebsverfassungsrechtlichen Gründen Modifikationen im Gang der Vollstreckung gegen den Betriebsrat auf dessen sozialen Gegenspieler zurückwirken. Auch die Zwangsvollstreckung aus einem einzelne Betriebsratsmitglieder verurteilenden Beschluß wird unbedenklich zugelassen[65]. Dagegen soll eine Vollstreckung gegen die anderen betriebsverfassungsrechtlichen Gremien wie gegen den Betriebsrat und aus den gleichen Gründen ausgeschlossen sein[66]. Beide Behauptungen müssen sich an den Grundgedanken des Betriebsverfassungs- und Vollstreckungsrechts messen lassen.

---

[63] Dazu unten § 4 II.

[64] Vgl. *Däubler*, Schulung und Fortbildung, S. 94; *Dersch / Volkmar*, § 1 Anm. 92 a; *Dietz*, § 70 Anm. 12; *Dietz / Nikisch*, § 85 Anm. 18; *Dütz / Säcker*, DB 1972, Beilage Nr. 17, S. 15; *Fitting / Auffarth / Kaiser*, § 40 Anm. 23; *Fitting / Kraegeloh / Auffarth*, § 70 Anm. 12; *Galperin / Siebert*, § 50 Anm. 20; *G. Hueck*, in Hueck / Nipperdey I, S. 987; *Hueck / Nipperdey* II (6. Aufl. 1957), S. 803; *Hueck / Nipperdey* II/2, S. 1471; *Kauffmann*, AuR 1954, 1 (3); *Maus*, ArbGG, § 85 Anm. 21; *Neumann-Duesberg*, S. 330, 426 f., 450, 591; ders., NJW 1964, 748 (749 ff.); *Scholz*, S. 49; *von Winterfeld*, AuR 1955, 161, 193 (198); abweichend *Brändel*, S. 186; *K.-J. Schmidt*, S. 127 f., die im Fall einer juristischen Person mit den Zwangs- und Ordnungsgeldern nach §§ 888, 890 ZPO auch gegen die Organpersonen vorgehen wollen.

[65] Vgl. *Brändel*, S. 183; *Dietz / Nikisch*, § 85 Anm. 20; *Grunsky*, § 85 Anm. 7; *Heinze*, DB 1973, 2089 (2096); *G. Hueck*, in Hueck / Nipperdey I, S. 987; *Maus*, ArbGG, § 85 Anm. 2 mit Fußnote 2, Anm. 13; *K.-J. Schmidt*, S. 128; *Scholz*, S. 49; *Sorge*, AuR 1953, 272 (273); wohl auch *Meissinger / Neumann*, § 85 Anm. 3; zweifelnd *Wichmann*, AuR 1974, 10 (15).

[66] Vgl. *Dietz / Nikisch*, § 85 Anm. 21; *Maus*, ArbGG, § 85 Anm. 23; abweichend *Brändel*, S. 183 ff.; *Scholz*, S. 50 ff., die auch insoweit die oben III 2 skizzierte Ansicht vertreten.

VI. Zusammenfassung

Ausgangspunkt aller Überlegungen ist die Unterscheidung der Mitglieder des Betriebsrats von der betriebsverfassungsrechtlichen Institution als solcher, die nach außen selbständig handelnd in Erscheinung tritt. Eine Zwangsvollstreckung gegen den Betriebsrat wirft zwangsläufig die Frage nach dessen Vermögensfähigkeit auf. Hier zeichnen sich zwei grundverschiedene Auffassungen ab. Die eine gesteht dem Betriebsrat partielle Rechts- und Vermögensfähigkeit zu und behandelt ihn in der Zwangsvollstreckung wie eine juristische Person. Diese Konzeption ist zwar in sich geschlossen und führt zu angemessenen Ergebnissen, beruht aber auf Prämissen, die weder allgemein akzeptiert noch hinreichend begründet sind. Demgegenüber lehnt die herrschende Meinung ein wie auch immer geartetes Betriebsratsvermögen ab. Die „Vollstreckungsmodelle" der juristischen bzw. sonstiger parteifähiger Personen (nichtrechtsfähiger Verein, offene Handelsgesellschaft usw.) passen dann nicht ohne weiteres, weil bei diesen im Gegensatz zum Betriebsrat jeweils ein Sondervermögen als Vollstreckungsgrundlage vorhanden ist. Die herrschende Auffassung lehnt deshalb eine Vollstreckung gegen den Betriebsrat grundsätzlich ab. Die angeführten Argumente tragen diese Behauptung nicht in vollem Umfang und halten eingehender Prüfung nicht stand. Offen bleibt vor allem das Problem der Zwangs- und Ordnungshaft nach §§ 888, 890 ZPO und der eidesstattlichen Versicherung nach § 883 Abs. 2 ZPO. Im Fall des Betriebsobmanns lassen sich die Argumente schlechterdings nicht aufrechterhalten.

§ 3 Zivilprozessuale Vollstreckung
gegen dem Betriebsrat vergleichbare Personengesamtheiten

Die zwangsweise Durchsetzung betriebsverfassungsrechtlicher Pflichten richtet sich nach den Vorschriften der Zivilprozeßordnung (§ 85 Abs. 1 Satz 2 ArbGG). Der in der vorliegenden Arbeit unternommene Versuch, Vollstreckungsmöglichkeiten gegen den Betriebsrat zu entwickeln, setzt deshalb bei den allgemeinen zivilprozessualen Grundsätzen zur Zwangsvollstreckung gegen rechtsähnliche Prozeßsubjekte an. Wie das im arbeitsgerichtlichen Verfahren in Betriebsverfassungssachen beteiligtenfähige Gremium sind auch die im Zivilprozeß parteifähigen Personengesamtheiten[1] als solche Partei des Verfahrens; sie bedürfen ebenso der Vertretung durch die dazu berufenen Personen usw. Gewisse Parallelen ergeben sich auch zu den Parteien kraft Amtes[2]. In allen Fällen entspricht die Parteifähigkeit in der Vollstreckung derjenigen des Erkenntnisverfahrens. Auch ist anerkannt, daß die im Achten Buch der Zivilprozeßordnung vorgesehenen Vollstreckungsgänge einschließlich der zwangsweisen Erwirkung von Handlungen und Unterlassungen (§§ 887 ff. ZPO) auf alle Arten von Vollstreckungsschuldnern Anwendung finden[3].

---

[1] Juristische Personen privaten und öffentlichen Rechts (§ 50 Abs. 1 ZPO), ferner nichtrechtsfähige Vereine (§ 50 Abs. 2 ZPO, nur passive Parteifähigkeit; weitergehend für Gewerkschaften *BGHZ* 50, 325), Handelsgesellschaften (§ 124 Abs. 1, § 161 Abs. 2 HGB), Reedereien (arg. § 493 Abs. 3 HGB, vgl. *BGH* MDR 1960, 665; str.) sowie politische Parteien (§ 3 Parteiengesetz).

[2] Nachlaßverwalter (§§ 1984 ff. BGB), Testamentsvollstrecker (§§ 2197 ff. BGB), Konkursverwalter (§§ 6, 78 ff. KO), Zwangsverwalter (§§ 150 ff. ZVG). Mit der Kennzeichnung als „Parteien kraft Amtes" soll keineswegs in dem bekannten Streit um Amts-, Vertreter- oder Organtheorie Stellung bezogen werden; darauf kommt es jedenfalls im Ergebnis nicht an. Dazu *Rosenberg / Schwab*, S. 184 ff.; *Stein / Jonas / Schumann / Leipold*, vor § 50 Anm. II 3 a.
Vgl. zu dieser im Fall des Betriebsobmanns besonders naheliegenden Parallelen *Dietz / Richardi*, § 1 Anm. 18; *Nikisch* III, S. 19; *Thiele*, GK-BetrVG, Einleitung Anm. 75 ff.

[3] Vgl. *Rosenberg*, S. 934 f.; *Schultzenstein*, ZZP 35 (1906), 475 (481 f., 519); *Wieczorek*, § 704 Anm. B V a. Das gilt insbesondere für § 890 ZPO trotz des angeblich straf- (bzw. ordnungs-)rechtlichen Charakters der Beugemaßnahmen; vgl. dazu die Angaben unten Fußnoten 10 ff., 18; a. M. insoweit *Eltzbacher*, S. 205 ff.

I. Grundsätzliche Beschränkung der Vollstreckung auf die Person und das Vermögen des Vollstreckungsschuldners

Der zu vollstreckende Titel bestimmt Gegenstand und Umfang der Zwangsvollstreckung und die Parteien des Verfahrens (§ 750 ZPO). Die Zwangsmaßnahmen dürfen sich nur gegen die Person und das Vermögen des im Titel (bzw. in der ihm beigefügten Vollstreckungsklausel) bezeichneten Vollstreckungsschuldners richten. Eine Vollstreckung gegen Dritte ist grundsätzlich unzulässig[4]. Die Zwangsvollstreckung wegen Geldforderungen (§§ 803 ff. ZPO) gegen die genannten Prozeßsubjekte trifft dementsprechend allein deren Vermögen, nicht dasjenige der Organpersonen (Vorstände, Geschäftsführer, vertretungsberechtigte Gesellschafter usw.); bei den Parteien kraft Amtes ist ausschließlich in das ihrer Verwaltung unterliegende Sondervermögen zu vollstrecken. Gleiches gilt im Fall der Verurteilung zur Vornahme einer vertretbaren Handlung für die Beitreibung der Kosten einer Ersatzvornahme (§ 887 ZPO)[5].

Die Herausgabevollstreckung führt demgegenüber zu einer Durchbrechung des genannten Grundsatzes[6]. Die der Besitzentziehung dienenden Zwangsmaßnahmen wie die — notfalls gewaltsame, §§ 758 ff. ZPO — Wegnahme bzw. Besitzentsetzung richten sich bei parteifähigen Personengesamtheiten gegen deren Organe, ohne daß es einer gesonderten Verurteilung der Organpersonen bedarf, weil deren tatsächliche Sachherrschaft dem Vollstreckungsschuldner (der Personengesamtheit) wie eigener unmittelbarer Besitz zugerechnet wird[7]. Ganz entsprechend sind auch die Organe — ebenso die Parteien kraft Amtes — zur Abgabe der eidesstattlichen Versicherung nach § 883 Abs. 2 ZPO verpflichtet und zur Erzwingung der Abgabe gegebenenfalls in Haft zu nehmen (§§ 901 ff. ZPO)[8]. Zumindest die Anordnung der Haft erweist,

---

[4] Vgl. *Blomeyer*, S. 8 f., 22 f., 63; *Rosenberg*, S. 892; *Schultzenstein*, ZZP 35 (1906), 475 (479, 483 und öfter); *Stein / Jonas / Münzberg*, § 750 Anm. II 3. Zu einer hier nicht weiter interessierenden Ausdehnung der Vollstreckung auf Drittvermögen *Blomeyer*, S. 90 ff.

[5] Vgl. *Stein / Jonas / Münzberg*, § 887 Anm. IV; eingehend *Schultzenstein*, ZZP 35 (1906), 475 (482 ff.).

[6] Entsprechendes gilt auch für die Forderungsvollstreckung, vgl. § 808 sowie §§ 807, 899 ff. ZPO, doch spielt das in der Betriebsverfassung kaum eine Rolle.

[7] Vgl. *BGHZ* 57, 166 (167 f.); *Erman / H. Westermann*, § 854 Anm. 6; *Palandt / Bassenge*, § 854 Anm. 5 b; *Soergel / Mühl*, § 854 Anm. 11; *Staudinger / Seufert*, § 854 Anm. 26; *Stein / Jonas / Münzberg*, § 808 Anm. II 5; *Westermann*, S. 92 f. Die Organe sind also ebensowenig wie Besitzdiener (§ 855 BGB) Dritte im Sinne der §§ 809, 886 ZPO; vgl. *Blomeyer*, S. 196; *Stein / Jonas / Münzberg* ebd.

[8] Vgl. *LG Köln*, Rechtspfleger 1970, 406; *Baumann*, S. 278 Fußnote 5; *Blomeyer*, S. 308; *Lent / Jauernig*, S. 104; *Mohrbutter / Mohrbutter*, S. 378, 385; *Rosenberg*, S. 1039; *Stein / Jonas / Münzberg*, § 807 Anm. IV, § 883 Anm. IV;

daß ausnahmsweise auch eine dritte, mit dem Vollstreckungsschuldner nicht identische Person Adressat von Vollstreckungsakten sein kann. Eine Begründung hierfür fehlt, doch läßt sich darauf verweisen, daß die Haft ein naturgemäß gegen die menschliche Person gerichtetes Übel ist und die Zivilprozeßordnung andere Mittel zur Erzwingung der eidesstattlichen Versicherung nicht kennt[9].

Die Zwangsvollstreckung zur Erwirkung unvertretbarer Handlungen (§ 888 ZPO) und Unterlassungen (§ 890 ZPO), der gerade in der Betriebsverfassung besondere Bedeutung zukommt, ist ebenso nicht ganz unproblematisch. Durch Androhung und Vollstreckung von Zwangs- und Ordnungsgeld sowie -haft wird ein lediglich mittelbarer Zwang auf den Vollstreckungsschuldner (Personengesamtheit, Partei kraft Amtes) ausgeübt mit dem Ziel einer Einwirkung auf seinen Willen. Ungeachtet der tiefgreifenden Meinungsverschiedenheiten über die Rechtsnatur der Vollstreckungsmaßnahmen vor allem des § 890 ZPO und die Abgrenzung der §§ 888, 890 ZPO voneinander[10] werden beide Vollstreckungsarten jedenfalls im Ergebnis übereinstimmend gehandhabt, so daß eine Differenzierung nach dem zu erzwingenden Verhalten entbehrlich erscheint. Grundlegende Unterschiede zeichnen sich indessen ab bei der Anwendung von Zwangsgeld und Ordnungsgeld einerseits und Zwangshaft und Ordnungshaft andererseits.

II. Vollstreckung von Zwangsgeld und Ordnungsgeld (§§ 888, 890 ZPO)

Parteifähige Personenvereinigungen und Parteien kraft Amtes können bei entsprechender Verurteilung wie eine prozeßfähige natürliche Person mit den Zwangsgeldern und Ordnungsgeldern nach §§ 888, 890 ZPO belegt werden. Nicht eindeutig geklärt ist lediglich die Frage, ob das Zwangsgeld oder Ordnungsgeld aus dem Vermögen des Vollstreckungsschuldners, beispielsweise eines Vereins, beizutreiben ist oder aus dem (Privat-)Vermögen des Vereinsvorstands, also derjenigen für den Schuldner verantwortlich handelnden (physischen) Person, auf deren Willen die Beugemittel der §§ 888, 890 ZPO einwirken sollen.

Rechtsprechung und Schrifttum sprechen sich ganz überwiegend für das erstere Vorgehen aus[11]. Das (Privat-)Vermögen des Vereinsvor-

---

Thomas / Putzo, § 807 Anm. 4 a, § 883 Anm. 4 b; *Wieczorek*, § 807 Anm. A III a 3, B I, § 883 Anm. D; *Zöller / Scherübl*, § 807 Anm. 1 a; zweifelnd *Schultzenstein*, ZZP 35 (1906), 475 (513 f.).

[9] Vgl. die Nachweise zu §§ 888, 890 ZPO unten Fußnote 18.

[10] Dazu eingehend W. *Böhm*, S. 22 ff., 36 ff., 75 ff. und passim; zu § 890 ZPO n. F. *Blomeyer*, S. 441 ff., 447 ff.; *Pastor*, S. 1 ff.; *Stein / Jonas / Münzberg*, § 890 Anm. I, II 1.

II. Zwangsgeld und Ordnungsgeld

stands, um im Beispiel zu bleiben, gehe den Vollstreckungsgläubiger nichts an. Eine etwaige den Vorstand persönlich treffende Pflicht zur Vornahme der fraglichen Handlung bzw. Unterlassung bestehe nur im Verhältnis zum Verein, d. h. im Innenverhältnis, nicht gegenüber dem Gläubiger. Vor allem sei der Vorstand nicht Partei des Vollstreckungsverfahrens. Ein Zwangsgeld oder Ordnungsgeld nach §§ 888, 890 ZPO richte sich ebenso wie andere Maßnahmen der Zwangsvollstreckung ausschließlich gegen den Vollstreckungsschuldner; allein dieser hafte mit seinem Vermögen für die Erbringung der von ihm geschuldeten Leistung und habe dafür einzustehen, daß der Vorstand die fragliche Handlung vornehme bzw. unterlasse. Bei den Parteien kraft Amtes wird man entsprechend zu verfahren haben[12], wenn auch die Frage bisher nur wenig erörtert wurde. Wegen der Zwangs- und Ordnungsgelder ist demnach in das der Verwaltung unterliegende Sondervermögen zu vollstrecken.

Diese Argumente dürfen aber nicht über die grundlegenden Unterschiede zwischen den Beugestrafen zur Erwirkung unvertretbarer Handlungen und Unterlassungen und den anderen Vollstreckungsmaßnahmen hinwegtäuschen. Anders als etwa die Forderungsvollstreckung (§§ 803 ff. ZPO) oder die Herausgabevollstreckung (§§ 883 ff. ZPO) führt die Verhängung eines Zwangsgelds oder Ordnungsgelds nach §§ 888, 890 ZPO nicht unmittelbar zur Erfüllung der schuldnerischen Verpflichtung, sondern stellt lediglich ein Übel dar, das auf den Willen der Organpersonen einwirken und sie zu einem bestimmten Verhalten bewegen soll. Adressaten der Beugestrafen sind also letztlich die Organpersonen, auch wenn das zu erzwingende Verhalten dem Vollstreckungsschuldner (der Personengesamtheit) wie eigenes zugerechnet wird. So nimmt es nicht wunder, wenn vorgeschlagen wird, die Zwangsgelder und Ordnungsgelder aus dem (Privat-)Vermögen der Organpersonen des Vollstreckungsschuldners (bzw. der Parteien kraft Amtes) beizutreiben[13].

---

[11] Vgl. *BVerfGE* 20, 323 (335); *RGZ* 43, 405 (406); *OLG Braunschweig*, JZ 1959, 94; *OLG Hamm*, JMBl. NRW 1957, 257 (258); *OLG Kiel*, OLGRspr. 19 (1909), 31; *OLG Königsberg*, OLGRspr. 20 (1910), 370 f.; *OLG Rostock*, OLG-Rspr. 29 (1914), 255 f.; *LG Düsseldorf*, GRUR 1967, 166 (sämtlich zu § 890 ZPO); *Baumann*, S. 390, 395; *Baumbach / Lauterbach / Albers / Hartmann*, § 890 Anm. 3 E; *Blomeyer*, S. 452, 461; *W. Böhm*, S. 85 f.; *Bruns*, S. 208, 211; *Lent / Jauernig*, S. 99, 101; *Mohrbutter / Mohrbutter*, S. 355 f.; *Pastor*, S. 186 ff.; *Schönke / Baur*, S. 180; *Stein / Jonas / Pohle* (18. Aufl. 1956), § 888 Anm. IV, § 890 Anm. V (mit Angaben zum älteren Schrifttum); *Wieczorek*, § 888 Anm. C I (nicht eindeutig), § 890 Anm. B IV a 1; *Zöller / Scherübl*, § 888 Anm. 1, § 890 Anm. 1 b; eingehend *Schultzenstein*, ZZP 35 (1906), 475 (490 ff., 515 ff.).

[12] So ausdrücklich *Häsemeyer*, ZZP 80 (1967), 263 (275); *Schultzenstein*, ZZP 35 (1906), 475 (478); teilweise abweichend *Derpa* S. 181 ff., der mit den Geldstrafen aus § 890 ZPO (a. F.) wegen ihres „strafrechtlichen Charakters" gegen den Verwalter persönlich vorgehen will.

[13] So etwa *Förster / Kann*, § 888 Anm. 2 d, § 890 Anm. 3; *Hellwig*, S. 397; *Rosenberg*, S. 221 — anders dagegen S. 1083 —; *Schoenthal*, S. 53 ff.; *Seuffert /*

§ 3 Vollstreckung gegen vergleichbare Personengesamtheiten

Diese Auffassung verkennt allerdings, daß auch die Vollstreckung in das Vermögen der Personengesamtheit (bzw. das Sondervermögen) dem Gedanken der Willensbeugung nicht fremd gegenüber steht, ohne deswegen in Widerspruch zu allgemeinen zivilprozessualen Grundsätzen zu geraten. Das Ziel der Vollstreckung ist nämlich die Erwirkung eines Verhaltens des Vorstands, Geschäftsführers, vertretungsberechtigten Gesellschafters oder Verwalters kraft Amtes in eben dieser Eigenschaft. Schon der Umstand, daß eine Vollstreckung in das seiner Verwaltung und Verfügung unterstehende Vermögen droht, erzeugt einen der Vollstreckung gegen eine natürliche Person vergleichbaren Druck. Auch kennt jede Personengesamtheit mehr oder weniger ausgeprägte Mechanismen wie Rechenschaftspflichten, persönliche Haftung und notfalls Abberufung der Organpersonen, staatliche Aufsichtsbefugnisse usw.[14], die gerade bei drohenden Sanktionen die interne Willensbildung beeinflussen und steuern. Wenn aber das titelwidrige Verhalten dem Interesse des Vollstreckungsschuldners entspricht, mag dieser auch die dadurch ausgelösten Nachteile hinnehmen.

Doch ist das hier nicht zu vertiefen. Die Analyse des derzeitigen Standes der zivilprozessualen Diskussion über die Zwangsvollstreckung gegen juristische Personen und ähnliche Prozeßsubjekte dient allein der Klärung der durch (angebliche oder tatsächliche) Besonderheiten der Betriebsverfassung aufgeworfenen Probleme. Dafür genügt die Feststellung, daß gegen parteifähige Personenvereinigungen und Parteien kraft Amtes überhaupt Zwangs- und Ordnungsgelder verhängt werden können und daß nach allerdings bestrittener Ansicht deswegen in das Vermögen des Vollstreckungsschuldners (der Personenvereinigung) bzw. das Sondervermögen zu vollstrecken ist, nicht aber gegen die Organpersonen oder Verwalter kraft Amtes persönlich.

Walsmann, § 888 Anm. 1 f., § 890 Anm. 3; abweichend *Falkmann / Hubernagel*, § 888 Anm. 7 h, § 890 Anm. 4 h; *Kohler*, AcP 80 (1893), 141 (264 f.); *Stein / Jonas / Münzberg*, § 888 Anm. IV, § 890 Anm. V; wohl auch *Brehm*, WRP 1975, 203 (207): Festsetzung sowohl gegen die Partei als auch gegen ihre Organpersonen.
Von Interesse ist in diesem Zusammenhang eine merkwürdige Inkonsequenz der Gegenansicht (oben zu Fußnote 11), nach der im Widerspruch zu der Regelung bei §§ 888, 890 ZPO die Zwangsmaßnahmen aus § 889 ZPO sich ausschließlich gegen die zur Abgabe der eidesstattlichen Versicherung verpflichteten (natürlichen) Personen richten sollen, das Zwangsgeld also in das (Privat-)Vermögen der Organpersonen zu vollstrecken ist; vgl. *Stein / Jonas / Pohle* (18. Aufl. 1956), § 889 Anm. III; dagegen mit Recht schon *Schultzenstein*, ZZP 35 (1906), 475 (506 ff.).

[14] Vgl. etwa §§ 27, 43 ff. BGB, §§ 84, 90, 93, 148 ff., 396 ff. AktG, §§ 38, 41 ff., 43, 52, 62 GmbHG; hinsichtlich der Parteien kraft Amtes § 1985 und §§ 2218, 2219, 2227 BGB, §§ 82, 83, 84, 86 KO, §§ 150 c, 153, 154 ZVG.

III. Vollstreckung von Zwangshaft und Ordnungshaft (§§ 888, 890 ZPO)

Im Gegensatz zu Zwangsgeld und Ordnungsgeld ist das Beugemittel der Haft ein gegen die menschliche Person gerichtetes Übel. Die bei jenen auftretende gedankliche Alternative der Heranziehung entweder des Vermögens des Vollstreckungsschuldners (juristische Person usw.) oder desjenigen der für ihn verantwortlich handelnden (physischen) Person stellt sich hier nicht. Wenn die Anwendung von Zwangshaft und Ordnungshaft nach § 888, 890 ZPO gegenüber den in Rede stehenden Vollstreckungsschuldnern nicht gänzlich ausscheiden soll, muß die Verhaftung der Organpersonen und Verwalter kraft Amtes möglich sein.

Wer den Beugezweck der in §§ 888, 890 ZPO vorgesehenen Vollstreckungsmaßnahmen stärker betont und mit den Zwangs- und Ordnungsgeldern gegen die Vorstände, Geschäftsführer usw. persönlich vorgehen will[15], gelangt zwanglos zu dem Ergebnis, daß dasselbe für die Vollziehung der Haft zu gelten hat. Demgegenüber unterscheidet die herrschende Doktrin[16] streng zwischen dem Vollstreckungsschuldner und der für ihn handelnden Person; letztere sei nicht Partei des Vollstreckungsverfahrens, und das Zwangsgeld oder Ordnungsgeld treffe deshalb nicht ihr Vermögen. In geradliniger Fortführung dieses Gedankens müßte bei dem gegen die Person gerichteten Beugemittel der Haft ebenso verfahren werden, mit anderen Worten dessen Anwendung gegenüber parteifähigen Personengesamtheiten und Parteien kraft Amtes ausscheiden[17]. Erstaunlicherweise stößt diese Konsequenz nahezu allgemein auf Ablehnung. Auch nach der zweitgenannten Ansicht ist die Verhaftung der Organpersonen zulässig[18]. Bei Parteien kraft Amtes richtet sich entsprechend die Vollstreckung gegen die jeweiligen Amtsträger[19].

---

[15] Oben zu Fußnote 13.
[16] Oben zu Fußnote 11.
[17] So in der Tat *Hellwig / Oertmann*, S. 383; *Pastor*, S. 52 ff.; *Schultzenstein*, ZZP 35 (1906), 475 (490 ff., 515 ff.); wohl auch *OLG Hamm*, JMBl. NRW 1957, 257 (258 f.); *OLG Königsberg*, OLGRspr. 20 (1910), 370 (371); *OLG Rostock*, OLGRspr. 29 (1914), 255 (256); sowie neuerdings — mit Vorbehalten — *Baumann*, S. 390, der dies sogar als h. M. bezeichnet.
[18] Vgl. zu § 890 ZPO BVerfGE 20, 323 (335 f.); *OLG Hamm*, OLGZ 1966, 52 (55) — anders noch JMBl. NRW 1957, 257 (258 f.) —; sowie *Baumbach / Lauterbach / Albers / Hartmann*, § 890 Anm. 3 E; *Blomeyer*, S. 452, 461 f.; W. *Böhm*, S. 86 f.; *Bruns*, S. 208, 211; *Lent / Jauernig*, S. 99, 101; *Schönke / Baur*, S. 180; *Stein / Jonas / Pohle* (18. Aufl. 1956), § 888 Anm. IV, § 890 Anm. V; *Wieczorek*, § 888 Anm. C I, einschränkend § 890 Anm. B IV a 2 - 4; *Zöller / Scherübl*, § 888 Anm. 1, § 890 Anm. 1 b.
[19] Vgl. BGH NJW 1968, 300 (301 f.); *Derpa*, S. 182, 184; *Häsemeyer*, ZZP 80 (1967), 263 (275); *Lent*, ZZP 62 (1941), 129 (160).

Die Zwangsvollstreckung nach §§ 888, 890 ZPO birgt demnach ebenso wie die Herausgabevollstreckung (§§ 883 ff. ZPO) eine Durchbrechung des Grundsatzes, daß die Zwangsmaßnahmen sich nur gegen die im Vollstreckungstitel bezeichneten Personen richten dürfen. Die Verhaftung droht hier wie dort einer dritten, mit dem Vollstreckungsschuldner nicht identischen (natürlichen) Person. Der völlige Entzug der Freiheit liegt jedenfalls nicht mehr im Rahmen dessen, was die Funktion eines Vorstands, Geschäftsführers usw. oder einer Partei kraft Amtes der sie wahrnehmenden Person abverlangt. Mag bei der Herausgabevollstreckung noch eine gewisse Rechtfertigung darin liegen, daß die Zivilprozeßordnung ein anderes Beugemittel zur zwangsweisen Herbeiführung der Offenbarungsversicherung nicht kennt, so trifft dies auf die §§ 888, 890 ZPO wegen der dort gegebenen Möglichkeit von Zwangsmitteln gegen das Vermögen nicht zu. Die herrschende Auffassung zur zivilprozessualen Vollstreckung gegen juristische Personen und ähnliche Prozeßsubjekte trägt deshalb letztlich pragmatische Züge: Man will eine Beschränkung der Vollstreckungsmöglichkeiten und damit eine Privilegierung der juristischen Person vermeiden und kann die Haft anders als gegen die Organpersonen eben nicht vollstrecken[20].

---

[20] Vgl. auch *Blomeyer*, S. 461.

§ 4 Ausschluß eines Betriebsratsvermögens

Das Problem der zwangsweisen Durchsetzung von Ansprüchen gegen den Betriebsrat wäre weitgehend gelöst, wenn ein von dem (Betriebs-) Vermögen des Arbeitgebers und den persönlichen Vermögen der Betriebsratsmitglieder verschiedenes, in irgendeiner Form dem Betriebsrat oder seinen Mitgliedern zuzuordnendes, rechtlich verselbständigtes Sondervermögen (Betriebsratsvermögen) sich nachweisen ließe. Die dargestellten zivilprozessualen Grundsätze zur Zwangsvollstreckung gegen parteifähige Personengesamtheiten kämen dann ohne weiteres zur Anwendung (§ 85 Abs. 1 Satz 2 ArbGG). Der Betriebsrat stünde beispielsweise einem Verein oder einer offenen Handelsgesellschaft vollstreckungsrechtlich vollkommen gleich: Die ein Vermögen voraussetzenden Maßnahmen der Zwangsvollstreckung, vor allem also die Beitreibung der Kosten einer Ersatzvornahme (§ 887 ZPO) und der Zwangsgelder und Ordnungsgelder nach §§ 888, 890 ZPO, richteten sich allein gegen dieses Betriebsratsvermögen[1].

Zur Bestimmung des Inhabers eines solchen Vermögens bieten sich verschiedene dogmatisch-konstruktive Lösungen an. Entweder man versieht den Betriebsrat als solchen mit Vermögensrechten und -pflichten, verleiht ihm insoweit eigene Rechtspersönlichkeit und nähert ihn damit einer juristischen Person zumindest stark an. Oder man ordnet das Vermögen, etwa in Form der Gesamthand, den Mitgliedern des Betriebsrats zu. Eine dritte — theoretische — Möglichkeit bildet die Inhaberschaft der Belegschaft[2]. Wenn aber das Betriebsverfassungsrecht den Erwerb von Vermögensrechten seitens der Arbeitnehmerschaft überhaupt zulassen sollte, so bedeutet es jedenfalls im Ergebnis keinen Unterschied, ob der Betriebsrat selbst oder aber die Belegschaft durch den Betriebsrat als deren Organ diese Rechte erwirbt. Gegenstand der folgenden Überlegungen sind deshalb nur die erstgenannten Lösungsmöglichkeiten.

---

[1] Zu der noch nicht endgültig geklärten Frage nach dem richtigen Adressaten von Zwangsgeld und Ordnungsgeld oben § 3 II; indessen steht deren generelle Anwendbarkeit außer Streit. Zu vermögensunabhängigen Vollstreckungsmaßnahmen unten § 6.
[2] So etwa *Leinemann*, BUV 1971, 145 (150, 156); *Schnorr von Carolsfeld*, S. 414; wohl auch ArbG Nürnberg, DB 1962, 1703; früher schon *Freisler*, S. 28 ff., 45 ff. und passim; *Gerlach*, S. 32 ff.

I. Stellung und Funktion des Betriebsrats im organisierten Betrieb

Auf die Frage nach der Existenz eines den Zwecken des Betriebsrats dienenden Sondervermögens gibt das Betriebsverfassungsrecht unmittelbar keine Antwort. Sie läßt sich auch nicht ohne weiteres aus den vereinzelten Hinweisen des Gesetzes auf Rechtsbeziehungen vermögensrechtlichen Inhalts erschließen. Einen ersten Anhalt bietet die Stellung des betriebsverfassungsrechtlichen Gebildes Betriebsrat im Betrieb und die von ihm zu übernehmende Funktion. Das Betriebsverfassungsgesetz schuf mit dem Betriebsrat den gewählten Repräsentanten der betriebszugehörigen Arbeitnehmer[3], der ihre Interessen vor allem dem Arbeitgeber gegenüber als dessen Partner und Gegenspieler geltend zu machen hat. Der nicht zu leugnende spezifische Interessengegensatz zwischen Arbeitnehmern und Arbeitgebern zwang dazu, von vornherein die persönliche[4] und sachliche[5] Unabhängigkeit der Betriebsräte sicherzustellen. Trotz dieser Sonderstellung ist der Betriebsrat keine dem Betrieb gegenüber selbständige Institution, die von außen auf das Betriebsgeschehen einwirkt, sondern eine Einrichtung der Betriebsverfassung, ein Stück der rechtlich verbindlichen Organisation des sozialen Gebildes Betrieb[6]. Als integrierender Bestandteil der Betriebsorganisation bildet er eine besondere Instanz im innerbetrieblichen Willensbildungsprozeß. Gestützt auf vielfältige Unterrichtungs- und Beratungsrechte kann und soll der Betriebsrat den Entscheidungsgang durch Anregung und Kritik beeinflussen und die Betriebswirklichkeit mitgestalten. Bestimmte Entscheidungen können nicht ohne seine Beteiligung getroffen werden. Ein Vergleich mit dem Aufsichtsrat einer Aktiengesellschaft dürfte nicht allzu fernliegen[7]. Ungeachtet der gänzlich verschiedenen Aufgaben und Befugnisse weist die — formale — Rechtsstellung beider Gremien im Unternehmen[8] zahlreiche Parallelen auf. Ganz ähnlich dem Betriebsrat ist auch der Aufsichtsrat

---

[3] Mit Ausnahme der leitenden Angestellten im Sinne des § 5 Abs. 3 BetrVG.
[4] Vgl. §§ 37, 78, 78 a, 103 BetrVG, § 15 KSchG, § 29 a Heimarbeitsgesetz.
[5] Vgl. §§ 40, 41 BetrVG.
[6] Zum Begriff der Betriebsverfassung ähnlich *Dersch / Volkmar*, § 80 Anm. 1; *Hueck / Nipperdey* II/2, S. 1063; *Küchenhoff*, Einleitung S. 2 ff.; *Nikisch* III, S. 2 f.; *Thiele*, GK-BetrVG, Einleitung Anm. 8; früher namentlich *Kaskel*, S. 286 ff.
[7] Vgl. auch *Herschel*, RdA 1948, 47 (49, 50).
[8] Die herkömmlich scharfe Trennung von Betrieb und Unternehmen (dazu nur *Dietz / Richardi*, § 1 Anm. 48 ff.; *Kraft*, GK-BetrVG, § 4 Anm. 5 ff.) ist im Rahmen der hier angestellten formal-organisatorischen Betrachtung ohne Belang, weil diese Begriffe regelmäßig nur verschiedene inhaltliche (funktionale) Aspekte desselben sozialen Gebildes bezeichnen, so vor allem im „Ein-Betriebs-Unternehmen". Im Mehr-Betriebs-Unternehmen ist der Betrieb zwar eine organisatorische Untergliederung des Unternehmens, doch tritt hier der Gesamtbetriebsrat als zentrale Repräsentanz der Arbeitnehmer hinzu.

ein organisatorischer Bestandteil des Unternehmens und in die internen Entscheidungsprozesse eingeschaltet. Das Betriebsverfassungsrecht bildet insoweit zusammen mit den Mitbestimmungsgesetzen (sog. Unternehmensverfassung) und dem Ersten Buch des Aktiengesetzes das maßgebende Organisationsrecht für die in der Rechtsform einer Aktiengesellschaft betriebenen Unternehmen.

Diese neueren organisationssoziologischen Ansätzen[9] verpflichtete Sicht des Betriebsrats ist im Grunde so alt wie die Betriebsverfassung selbst. Bereits *Kaskel*[10] beschreibt den Betriebsrat als einen „innerhalb des Betriebes ... Willen bildenden Faktor", und ganz ähnlich sieht *Hanau*[11] ihn „maßgeblich in die Willensbildung im Unternehmen eingeschaltet". Der Gedanke taucht in der rechtswissenschaftlichen Literatur immer wieder und mit den unterschiedlichsten Akzentuierungen auf[12]; er findet sich andeutungsweise in §§ 10, 83 ArbGG, § 120 BetrVG, wenn dort von „Stellen" die Rede ist. In völliger Übereinstimmung hiermit kennzeichnen Betriebswirtschaftslehre und Betriebssoziologie den Betriebsrat als Element der sog. formellen Organisation (Hierarchie) des Industriebetriebs[13].

Die dem Betriebsrat zugedachte Funktion eines Vertreters von Arbeitnehmerinteressen bezieht sich auf den betrieblichen Bereich. Wie

---

[9] Vgl. namentlich die Untersuchung von *Thomas Raiser*.
[10] NZfA 1921, Sp. 11 (14); vgl. auch *ders.*, Arbeitsrecht, S. 289.
[11] BB 1971, 485. Die damit beabsichtigte Polemik gegen den Regierungsentwurf zum Betriebsverfassungsgesetz (BT-Drucks. VI/1786) spielt in diesem Zusammenhang keine Rolle; vgl. auch weiter unten zu Fußnote 20.
[12] Vgl. etwa den Bericht der Mitbestimmungskommission, BT-Drucks. VI/334, S. 51 f., 79, 98 f.; *Benda*, S. 569, 572 ff., 575; W. *Böhm*, RdA 1974, 88 (90); *Duden*, Festschrift für Barth, S. 7 (9 f.); *Fitting / Auffarth / Kaiser*, § 1 Anm. 33; *Hengstenberg*, ArbuSozPol. 1970, 402; *Herschel*, Juristen-Jahrbuch Bd. 2 (1961/62), 80 (85 f.); *ders.*, DB 1974, 690 (692); *Krause*, BB 1951, 677 (679); *Küchenhoff*, Einleitung S. 2 ff., 8 f.; *Nikisch* III, S. 27 (betr. Personalvertretung), 174 f.; *Nussbaum*, S. 101; *Schnorr von Carolsfeld*, S. 412. Vgl. ferner die Entscheidung des *LAG Frankfurt*, DB 1973, 2451, derzufolge der Betriebsrat „zur Kennzeichnung seiner Identität und seines Selbstverständnisses" berechtigt ist, Firma und Warenzeichen des Unternehmens mit dem Zusatz „Der Betriebsrat" im Briefkopf zu führen. Entschiedener Widerspruch findet sich demgegenüber auf der Seite der Gewerkschaften, die die Betriebsräte als Teil der Gewerkschaftsbewegung begreifen; vgl. etwa *Farthmann*, ArbuSozPol. 1970, 380 f.; *Gester*, S. 119, 121; dagegen *Kraft*, ZfA 1973, 243 (254 f.); *Richardi*, RdA 1972, 8 (9, 11 ff.); vgl. auch *Richardi*, Kollektivgewalt, S. 248 f. Offenbar ablehnend auch *Ballerstedt*, ZHR 134 (1970), 251 (257); *ders.*, ZHR 135 (1971), 479 (485) — wie hier dagegen *ders.*, BB 1950, 269 (270) —; *Neumann-Duesberg*, NJW 1954, 617 f.; *Reuter*, Anm. EzA Nr. 5 zu § 20 BetrVG 1972, S. 23 („gewerkschaftsähnlicher sozialer Gegenspieler"); *Thiele*, GK-BetrVG, Einleitung Anm. 83; *Weiss*, RdA 1974, 269 (273).
[13] Vgl. aus der betriebswirtschaftlichen Organisationslehre etwa *Böhrs*, S. 44; *Groß*, S. 41; *Kosiol*, S. 92 ff.; aus der Betriebs(Organisations-)Soziologie etwa *Dahrendorf / Burisch*, S. 92 f.; *Mayntz*, S. 38 f.; *Schelsky*, in Gehlen / Schelsky, S. 191 f.

der Aufsichtsrat[14] hat auch der Betriebsrat grundsätzlich nur interne Aktionsmöglichkeiten[15]. Daraus entstehende Konflikte wären als reine Betriebsinterna[16] eigentlich mittels der jeder (streng hierarchischen) Organisation eigenen Mechanismen beizulegen, letztlich also im Wege autoritativer Entscheidung durch die Spitze der Hierarchie. Ein derartiges „hierarchisches" Verfahren der Streiterledigung verträgt sich nicht mit dem Ziel des Gesetzes, die gleichberechtigte Teilhabe der Arbeitnehmer an bestimmten sie berührenden Entscheidungen zu ermöglichen. Der Einheit der Willensbildung im Unternehmen sind also durchaus Grenzen gesetzt. Die strikte Einhaltung der betriebsverfassungsrechtlichen Kompetenzen und Verfahrensweisen zwingt zur Einrichtung besonderer Streiterledigungsverfahren, nämlich bei Regelungsstreitigkeiten dem Verfahren vor der Einigungsstelle nach § 76 BetrVG, bei Rechtsstreitigkeiten dem arbeitsgerichtlichen Beschlußverfahren nach § 2 Abs. 1 Nr. 4, § 8 Abs. 1, §§ 80 ff. ArbGG mit — je nach Sachlage — anschließendem Zwangsvollstreckungsverfahren nach § 85 Abs. 1 ArbGG[17]. Ein zwischen betrieblichen Funktionsträgern im Beschlußverfahren ausgetragener Rechtsstreit erinnert in manchem an gesellschaftsrechtliche Organstreitigkeiten[18] und rückt damit in die Nähe der im Verwaltungsprozeßrecht geläufigen Vorstellung eines Insichprozesses[19]. Manche Besonderheiten des arbeitsgerichtlichen Verfahrens in Betriebsverfassungssachen dürften nicht zuletzt hierin ihre Erklärung finden.

---

[14] Vgl. §§ 111, 112 AktG, insbesondere § 111 Abs. 4 Satz 1.

[15] Ausnahmen sogleich unten II. Ebenso erweitert die gesetzlich gebotene Zusammenarbeit mit den im Betrieb vertretenen Gewerkschaften (§ 2 Abs. 1 BetrVG; vgl. auch § 31 BetrVG), den für den Arbeitsschutz zuständigen Behörden, Trägern der gesetzlichen Unfallversicherung und sonstigen in Betracht kommenden Stellen (§§ 89 und 115 Abs. 7 Nr. 7 BetrVG), den für die Berufsbildung und die Förderung der Berufsbildung zuständigen Stellen (§ 96 Abs. 1 Satz 1 BetrVG), den mit der Durchführung des Schwerbehindertengesetzes beauftragten Stellen und übrigen Rehabilitationsträgern (§ 26 Abs. 2 Satz 1 SchwbG), usw. den Wirkungskreis des Betriebsrats über den betrieblichen Bereich hinaus, ist in diesem Zusammenhang aber nicht weiter zu erörtern.

[16] Anders natürlich bei Beteiligung Betriebsfremder, etwa einer Gewerkschaft.

[17] Das Gesetz hält sich nicht immer an diese Zuständigkeitsverteilung: Nach §§ 16 Abs. 2, 76 Abs. 2 BetrVG hat das Arbeitsgericht Regelungsfragen zu entscheiden; umgekehrt ist die Einigungsstelle zuweilen zur Entscheidung von Rechtsfragen berufen (z. B. §§ 37 Abs. 6, 47 Abs. 6, 109 BetrVG). Zum Ganzen *Dietz / Richardi*, § 76 Anm. 42 ff.; *Grunsky*, § 2 Anm. 146 ff.; *Thiele*, GK-BetrVG, § 76 Anm. 10 ff.

[18] So mit Recht *Dütz*, ZfA 1972, 247 (256); *H. Westermann*, Festschrift für Bötticher, S. 369 (375 f.). Das *BAG* (AP Nr. 46 zu § 2 ArbGG 1953, Bl. 2) zieht die Parallele zu (staats-)verfassungsrechtlichen Streitigkeiten; ähnlich der Vergleich *Küchenhoffs* (1. Aufl. 1954), § 82 Anm. 1 (vgl. auch § 28 Anm. 4) mit kommunalen Verfassungsstreitigkeiten.

[19] Dazu nur *Redeker / von Oertzen*, § 63 Anm. 8 mit Nachweisen.

Es wäre sicherlich verfehlt, aus diesen mehr beschreibenden Überlegungen zu Stellung und Funktion des Betriebsrats im verfaßten Betrieb, kurz, seinem „Wesen", unmittelbar Rechtsfolgen ableiten zu wollen, etwa eine Antwort auf die Frage nach einem Betriebsratsvermögen. Doch kann unbedenklich festgestellt werden, daß sich die Vorstellung eines dem Betriebsrat zuzuordnenden Sondervermögens mit einer solchen Betrachtungsweise schwerlich vereinbaren läßt. Soweit ersichtlich, ist bisher niemand auf den Gedanken verfallen, etwa dem Aufsichtsrat ein von dem Gesellschaftsvermögen getrenntes Sondervermögen zuzugestehen und ihm damit womöglich Vermögens- und Haftungsfähigkeit beizulegen. Ganz dasselbe gilt augenscheinlich auch für den Betriebsrat. Denn dieser bildet als betriebliche Einrichtung ähnlich dem Aufsichtsrat einen Bestandteil der Betriebs-(Unternehmens-)Organisation. Sämtliche den Betrieb betreffenden Rechte und Pflichten vermögensrechtlicher Art sind dem Träger dieses sozialen Gebildes zugeordnet, dem Betriebsinhaber (Unternehmer). Dabei macht es keinen Unterschied, ob der Betrieb als Ganzes betroffen ist oder einzelne seiner Einrichtungen. Wenn dem Betriebsrat insoweit eine Sonderstellung zukäme, müßte sich das eindeutig aus dem Gesetz belegen lassen.

Einer mehrfach geäußerten Ansicht zufolge sollen diesen Gedanken über den Standort des Betriebsrats in der Betriebs-(Unternehmens-)Organisation unmittelbar haftungsrechtliche Konsequenzen zu entnehmen sein. Der Betriebsrat sei wegen seiner Stellung „Organ" des Unternehmens und müsse sich auch haftungsmäßig so behandeln lassen. Daraus folgert *Hanau*[20] vor allem eine Haftung des Unternehmens (Unternehmers) für Handlungen des Betriebsrats (§ 31 BGB), während vor ihm schon *Krause*[21] die Haftung des Betriebsrats im Innenverhältnis dem Unternehmen gegenüber aufgrund eben dieser „Organstellung" hervorgehoben hat. Es kann dahinstehen, ob das im Ergebnis zutrifft; die hier angestellten Überlegungen lassen jedenfalls einen entsprechenden Schluß nicht zu. Der Umstand, daß dem Betriebsrat als Glied der Betriebsorganisation die Wahrnehmung bestimmter Aufgaben und Befugnisse zukommt, mag es rechtfertigen, abkürzend von einem Organ des Betriebs oder auch des Unternehmens zu sprechen[22]. Dieser Sprachgebrauch ist aber ein untechnischer im Gegensatz zu dem haftungsrechtlichen Organbegriff im Sinne des Vereins- und Gesellschaftsrechts

---

[20] BB 1971, 485.
[21] BB 1951, 677 (680).
[22] So etwa *Dietz / Richardi*, § 1 Anm. 47, § 95 Anm. 2 — kritisch aber § 1 Anm. 20 —; *Fitting / Auffarth / Kaiser*, § 1 Anm. 33; *Galperin / Löwisch*, vor § 1 Anm. 54; *Nussbaum*, S. 101; *Schnorr von Carolsfeld*, S. 412, 418, 419; dagegen *Gester*, S. 118 f.; *Gramm*, AR-Blattei D, Betriebsverfassung VII, A III 3; *Neumann-Duesberg*, S. 176 f.; *Thiele*, GK-BetrVG, Einleitung Anm. 83.

(§§ 26 ff. BGB, §§ 76 ff. AktG usw.). Dem Betriebsrat kommt grundsätzlich keine Organstellung in diesem letzteren (technischen) Sinne zu, weil er nicht *für* das Unternehmen handelt, sondern nur *im* Unternehmen; mit anderen Worten, sein Wille gilt nicht bereits als Wille des Unternehmens (Unternehmers), sondern ist lediglich ein Faktor im unternehmensinternen Willensbildungsprozeß[23].

Die Kennzeichnung des Betriebsrats als Einrichtung („Organ") des Betriebs und Bestandteil der Betriebsorganisation oder auch, wenn man so will, als Organ der Betriebsverfassung[24], impliziert weder, daß der Betriebsrat Organ der als (teil-)rechtsfähige Körperschaft gedachten Belegschaft ist[25], noch setzt sie eine Arbeitgeber und Betriebsrat umfassende Einheit im Sinne eines Herrschaftsverbands oder einer Betriebsgemeinschaft voraus[26]. Die beschriebene Stellung des Betriebsrats im organisierten Betrieb läßt sich wie gesagt allenfalls als Organstellung im untechnischen Sinn auffassen und gestattet insbesondere keine Aussage über einen angeblichen Verbandscharakter[27] des Betriebs. Dier hier angestellten Überlegungen fußen auf einer lediglich formalen Gegebenheit, der bloßen Existenz einer Betriebsorganisation, als deren Glied der Betriebsrat erscheint. Dies verkennt die Gegenmeinung, wenn sie daraus unzulässigerweise inhaltliche Aussagen ableiten will. In welcher Art und Weise der Betrieb rechtlich organisiert ist, bleibt völlig offen und ist auch im Rahmen der vorliegenden Arbeit nicht weiter zu untersuchen.

II. Sondervermögen der Institution Betriebsrat

Die Zuordnung eines besonderen Vermögens, d. h. von Rechten und Pflichten[28] vermögensrechtlichen Inhalts an das Gremium Betriebsrat

---

[23] Etwas anderes gilt möglicherweise dort, wo das Gesetz dem Betriebsrat ausnahmsweise die Befähigung und die Befugnis verleiht, das Unternehmen, d. h. den Arbeitgeber, Dritten gegenüber rechtsgeschäftlich zu verpflichten; dazu unten II. Vgl. auch oben Fußnote 15.

[24] Namentlich *Fitting / Auffarth / Kaiser*, § 1 Anm. 29, 32 ff. Vgl. auch die Überschrift zu § 119 BetrVG sowie das „Gesetz zum Schutze in Ausbildung befindlicher Mitglieder von Betriebsverfassungsorganen" vom 18. Januar 1974 (BGBl. I S. 89).

[25] Dazu die Nachweise unten Fußnote 35.

[26] So aber *Dietz / Richardi*, § 1 Anm. 20; *Thiele*, GK-BetrVG, Einleitung Anm. 83.

[27] Zur Betriebsgemeinschaft etwa *Galperin*, RdA 1959, 321 (324 ff.); ders., JahrbArbR Bd. 1 (1963), 75 (85 ff.); *Galperin / Siebert*, § 1 Anm. 62 ff. — einschränkend jetzt *Galperin / Löwisch*, vor § 1 Anm. 39, 41 —; *Siebert*, BB 1952, 832 (833); unklar *Herschel*, RdA 1948, 47 (49 f.); ders., RdA 1956, 161 (167 f.); vgl. ferner schon *RGZ* 106, 272 (275); 113, 87 (89). Zur Kritik *Gester*, S. 119 f.; ders., RdA 1960, 406 (409 ff.); *Hueck / Nipperdey* II/2, S. 1093 f.; *Leinemann*, BUV 1971, 49 ff.; *Nikisch* III, S. 273.

II. Sondervermögen der Institution Betriebsrat

setzt dessen Vermögensfähigkeit (Haftungsfähigkeit) voraus. Die Rechtsfähigkeit, als deren Aspekt die genannte Eigenschaft erscheint, wird gemeinhin umschrieben als die von der Rechtsordnung verliehene Fähigkeit, Inhaber von (irgendwelchen) Rechten und Pflichten zu sein. Man unterscheidet die stärker typisierte, im Prinzip allumfassende Vollrechtsfähigkeit von der Fähigkeit, nur einzelne, genau umschriebene Arten von Rechten und Pflichten zu haben, sog. Teilrechtsfähigkeit[29]. Demgemäß kann die Institution Betriebsrat entweder einer juristischen Person gleichkommen oder wenigstens in beschränktem Umfang Subjekt vermögenswerter Rechte und Pflichten sein. Der eingangs beschriebene Standort des Betriebsrats im verfaßten Betrieb deutet eher darauf hin, beides zu verneinen. Dieses vorläufige Ergebnis bedarf aber noch der Bestätigung — oder Widerlegung — anhand der verstreuten Hinweise des Gesetzes.

Nach geltendem Recht kann ein Gebilde wie der Betriebsrat auf sehr unterschiedliche Weise volle Rechtsfähigkeit erlangt haben, so bei einer Anerkennung oder Verleihung unmittelbar durch Gesetz[30], der Verleihung durch staatliche Genehmigung (Konzessionssystem) sowie der (konstitutiven) Eintragung in ein Register, sofern bestimmte Anforderungen erfüllt sind (System der freien Bildung unter Beachtung von Normativbestimmungen, Eintragungssystem). Das Betriebsverfassungsgesetz hat ersichtlich keinen der letztgenannten Wege beschritten. Ebensowenig findet sich eine ausdrückliche Verleihung der Rechtsfähigkeit. Es bleibt die Frage, ob das Gesetz dem Betriebsrat eine Stellung einräumt, wie sie im wesentlichen den von der Rechtsordnung solcherart als Rechtssubjekte anerkannten Gebilden zukommt, und ihm auf diese Weise eigene Rechtspersönlichkeit beilegt. Die juristischen Personen zeichnen sich durch ihre „unbegrenzte" Vermögens- und Haftungsfähigkeit aus. Sie sind in der Lage, mittels der dazu berufenen Personen frei über ihr Vermögen zu verfügen und alle Arten von Verpflichtungen einzugehen, mit anderen Worten am allgemeinen Rechtsverkehr ohne Beschränkungen[31] selbständig handelnd teilzunehmen. Ganz im Gegensatz dazu kann der Betriebsrat gerade nicht unbe-

---

[28] „Vermögen" meint häufig einen „Inbegriff von Sachen und Rechten" unter Ausschluß der Verbindlichkeiten; so etwa *Enneccerus / Nipperdey*, S. 840 ff.; *Larenz AT*, S. 251 ff.; vgl. auch *von Tuhr* I, S. 324 f. Im vorliegenden Zusammenhang ist dieser Unterschied ohne Bedeutung.

[29] Zum Begriff der Teilrechtsfähigkeit (Sonderrechtsfähigkeit, relative Rechtsfähigkeit) *Pawlowski*, S. 57 ff.; *Wolff / Bachof* I, S. 208; ferner *Fabricius*, Relativität der Rechtsfähigkeit, S. 49 ff.

[30] Vor allem die (rechtsfähigen) Körperschaften, Anstalten und Stiftungen öffentlichen Rechts, doch steht es dem Gesetzgeber frei, auch privatrechtlichen Gebilden auf diese Weise Rechtsfähigkeit zu verleihen.

[31] Eine hier nicht weiter interessierende Ausnahme bilden solche Rechtsverhältnisse, die menschliche Individualität voraussetzen.

schränkt Rechte und Pflichten innehaben. Die ihm im Interesse der Arbeitnehmer zugewiesenen Aufgaben und Befugnisse sind durch Gesetz, Tarifvertrag und Betriebsvereinbarung abschließend normiert. Ohne rechtliche Grundlage ist ein Handeln der Institution und damit die Begründung von Rechten und Pflichten schlechthin ausgeschlossen. Im übrigen erkennt das geltende Recht nicht einmal dem Unternehmen als solchem eigene Rechtspersönlichkeit zu[32], so daß dem Betriebsrat als dessen organisatorischem Bestandteil um so weniger Rechtsfähigkeit zukommen kann. Dieses Ergebnis wird formal durch § 10 ArbGG, § 250 Abs. 2 AktG bestätigt, denn andernfalls hätte es einer besonderen Erwähnung der Parteifähigkeit des Betriebsrats nicht bedurft (vgl. § 50 Abs. 1 ZPO).

Die angesprochenen zahlreichen Befugnisse des Betriebsrats im Rahmen der Betriebsverfassung werden häufig als subjektive Rechte aufgefaßt[33]; zumindest ist der Betriebsrat insoweit handlungsfähig[34]. Es mag deswegen angebracht sein, von einer Teilrechtsfähigkeit des Betriebsrats zu sprechen[35], doch ist damit wenig gewonnen. Denn die

---

[32] Augenfällig ist dies bei Unternehmen, die von Einzelkaufleuten oder Personengesellschaften betrieben werden, doch trifft die Aussage auf alle Unternehmen zu: Ungeachtet der an das geltende wie vor allem an das künftige Unternehmensrecht zu richtenden Frage, ob Identität zwischen „der Gesellschaft" (AG, GmbH usw.) und „dem Unternehmen" besteht (dazu de lege ferenda eingehend *Duden*, Festschrift für Schilling, S. 309 [314 ff.]), knüpft das Gesetz die Verleihung der Rechtsfähigkeit nicht an den Umstand, daß ein Unternehmen vorliegt, sondern daß eine Aktiengesellschaft usw. vorschriftsmäßig zur Entstehung gelangt ist.

[33] Vgl. nur *Dietz*, § 1 Anm. 2 ff., 21; *Dietz / Richardi*, § 1 Anm. 12; *Hueck / Nipperdey* II/2, S. 1085; *Neumann-Duesberg*, S. 119, 378; *Thiele*, GK-BetrVG, Einleitung Anm. 35, 52 f.; wohl auch *Grunsky*, § 80 Anm. 3, 26, 54; a. M. namentlich *Nikisch* III, S. 18, 341 f.; *ders.*, DB 1962, 506 (507 f.), und jüngst *W. Böhm*, RdA 1974, 88 (90). Das *BAG* (AP Nr. 2 zu § 97 ArbGG 1953, Bl. 1 R) spricht von betriebsverfassungsrechtlichen Rechtspositionen. Vgl. auch oben § 1 Fußnote 3.

[34] Nach *Pawlowski*, S. 70 ff. — ebenso *Fabricius*, Relativität der Rechtsfähigkeit, S. 43 ff. — bilden Handlungs- und Haftungsfähigkeit je besondere Bestandteile der (Voll-)Rechtsfähigkeit, so daß dem Betriebsrat schon um seiner Handlungsfähigkeit willen partielle Rechtssubjektivität zukommt. Die herrschende Doktrin trennt demgegenüber scharf zwischen Rechtsfähigkeit und Handlungsfähigkeit, vgl. nur *Enneccerus / Nipperdey*, S. 477; *Larenz* AT, S. 65 ff.

[35] So etwa *Engler*, § 2 Anm. b bb 2; *Herschel*, RdA 1948, 47 (49 f.); *Huber* II, S. 488; *Loppuch*, Art. I Anm. 1; *Meissinger / Raumer*, § 1 Anm. 1; *Schnorr von Carolsfeld*, S. 417; früher schon LG Köln, NZfA 1922, Sp. 56; Sächs. OVG, SchlWes. 1923, 158; *Dersch*, § 1 Anm. 6; vgl. auch *Grunsky*, § 85 Anm. 3, 4. Unter der Geltung des BRG 1920 wurde indessen im Anschluß an *Kaskel*, NZfA 1921, Sp. 11 ff., ganz überwiegend die Belegschaft als juristische Teilperson und der Betriebsrat als deren Organ angesehen, vgl. die Nachweise bei *Hueck / Nipperdey* II (3. - 5. Aufl. 1932), S. 547 Fußnote 8; so noch *Brecht*, § 1 Anm. 24; *Dietz*, § 1 Anm. 5 ff., 12 f.; *ders.*, DB 1952, 969 (971) — einschränkend jetzt *Dietz / Richardi*, § 1 Anm. 6 ff. —; *Fabricius*, Relativität der Rechtsfähigkeit, S. 232 f.; *Fitting / Auffarth / Kaiser*, § 1 Anm. 32; *H. Frey*,

II. Sondervermögen der Institution Betriebsrat 51

ihm von der Rechtsordnung zugewiesenen Rechte und Pflichten sind durchweg nichtvermögensrechtlicher Art[36]; im Gegensatz zum österreichischen Recht[37] fällt ganz allgemein die Bildung und Verwaltung eines Vermögens nicht darunter[38]. Die Redeweise von der Teilrechtsfähigkeit des Betriebsrats besagt also nichts über dessen Anerkennung als partiell vermögensfähige Rechtsperson. Nur wenn das Betriebsverfassungsrecht dem Betriebsrat auch im vermögensrechtlichen Bereich wenigstens in beschränktem Umfang Rechte und Pflichten zuweist, wäre ein entsprechender Schluß gerechtfertigt und ein vollstreckungsrechtlicher Zugriff jedenfalls nicht von vornherein ausgeschlossen. Wie bereits hervorgehoben[39], führt der bloße Hinweis auf die Existenz eines „Betriebsratsfonds" oder dergleichen nicht weiter, ebensowenig die Behauptung von Ansprüchen des Betriebsrats auf Vorschuß, Freistellung oder Kostenerstattung. Abgesehen von wenigen Ausnahmen[40] sprechen die Gerichte und das Schrifttum der betriebsverfassungsrechtlichen Institution Betriebsrat denn auch jede Vermögensfähigkeit ab[41], geben dafür aber im allgemeinen keine Begründung. Vereinzelt

---

RdA 1960, 89 (91 ff.); *Galperin / Löwisch*, vor § 1 Anm. 38; *Gester*, S. 59; *Wiese*, Beschlußverfahren, S. 79 f.; ferner die oben Fußnote 2 Genannten.

[36] A. M. *Fischer*, RdA 1961, 230; *Gerlach*, S. 33, doch fehlt den betriebsverfassungsrechtlichen Befugnissen das die Vermögensrechte auszeichnende Moment der Veräußerlichkeit, vgl. *Enneccerus / Nipperdey*, S. 456; *Larenz* AT, S. 252; *von Tuhr* I, S. 314.

[37] Dort verfügt der Betriebsrat über einen vor allem aus Beiträgen der Arbeitnehmer (Betriebsratsumlage) gespeisten und mit eigener Rechtspersönlichkeit ausgestatteten Betriebsratsfonds; vgl. §§ 73 ff., 85 ff. österr. Arbeitsverfassungsgesetz vom 14. Dezember 1973 (BGBl. Nr. 22/1974) und die Betriebsratsfonds-Verordnung vom 1. August 1974 (BGBl. Nr. 524); dazu *Floretta / Spielbüchler / Strasser* II, S. 177 ff.; ferner *Floretta / Strasser*, Anm. zu §§ 23, 24.

[38] So hinsichtlich der Führung einer Kasse, der Aufsichtsratsvergütungen, Gewinnanteile aus einem Konsumverein und Überschüsse aus dem Betrieb eines Zigarettenautomaten zuflossen, *BAG* AP Nr. 1 zu § 2 ArbGG 1953 Betriebsverfassungsstreit, Bl. 3. Vgl. auch W. *Böhm*, RdA 1974, 88 (89, 90); *Brecht*, § 41 Anm. 2 f.; *Dietz / Richardi*, § 41 Anm. 7; *Fitting / Auffarth / Kaiser*, § 41 Anm. 5; *Galperin / Löwisch*, vor § 1 Anm. 64, § 41 Anm. 2, 4; *Meissinger / Raumer*, Anm. zu § 37; *Rewolle*, BB 1974, 888; *Wiese*, GK-BetrVG, § 41 Anm. 3 f.; teilweise abweichend *ArbG Nürnberg*, DB 1962, 1703; *Frauenkron*, § 41 Anm. 5.

[39] Oben § 2 IV.

[40] Vgl. *Däubler*, AcP 175 (1975), 181 (183) — anders *ders.*, Schulung und Fortbildung, S. 129 —; *Dütz*, AuR 1973, 353 (356); *ders.*, Mitt. Dt. ArbGerVerb. 1975, Nr. 36, S. 3; *ders.*, Anm. EzA Nr. 2 zu § 76 BetrVG 1972, S. 22 e — anders noch *ders.*, ZfA 1972, 247 (250 f.) —; *Dütz / Säcker*, DB 1972, Beilage Nr. 17, S. 7, 16; *Leser*, AR-Blattei D, Betriebsverfassung VIII A, V 4 b; *Lobscheid*, AuR 1971, 222 ff.; *Napp*, WA 1955, 103; unentschieden *Grunsky*, § 85 Anm. 4 f. Vgl. auch die oben Fußnote 2 Genannten, die zwar nicht dem Betriebsrat, wohl aber in beschränktem Umfang der Belegschaft kraft Betriebsverfassungsrechts die Fähigkeit zum Erwerb von Vermögensrechten zugestehen.

[41] Vgl. etwa *BAG* DB 1975, 2451; *LAG Baden-Württemberg*, BB 1964, 963 f.; *LAG Schleswig-Holstein*, DB 1973, 2147 f.; *ArbG Paderborn*, SAE 1955, 108

wird auf die mehr formalen Gesichtspunkte abgestellt, daß im Beschlußverfahren Gerichtskosten nicht erhoben werden (§ 12 Abs. 5 ArbGG)[42] und daß die Vorschrift des § 85 Abs. 2 Satz 2 ArbGG den Schadenersatzanspruch nach § 945 ZPO ausschließt[43]; ersichtlich ziehe das Gesetz damit die Konsequenz aus der fehlenden Vermögens- und Haftungsfähigkeit des Betriebsrats.

Dieser Grundsatz erfährt aber offenbar Ausnahmen. So gewährt das Gesetz dem Betriebsrat die Befugnis, Sachverständige hinzuzuziehen (§ 80 Abs. 3 Satz 1 BetrVG), sich vor den Gerichten für Arbeitssachen durch Rechtsanwälte vertreten zu lassen (§ 11 Abs. 1 i. V. m. §§ 80 Abs. 2, 87 Abs. 2 Satz 2, 92 Abs. 2 Satz 2 ArbGG, vgl. auch §§ 89 Abs. 1 Satz 2, 94 Abs. 1 Satz 4) sowie — gegen die Zusage einer Vergütung[44] — Beisitzer der Einigungsstelle zu bestellen (§ 76 Abs. 2 Satz 1 BetrVG). Der Betriebsrat soll entgegen der Regel des § 40 Abs. 2 BetrVG unter bestimmten Umständen berechtigt sein, von sich aus die für seine Amtstätigkeit benötigten Räume und sachlichen Mittel zu beschaffen[45]. Schließlich wird behauptet[46], der Betriebsrat sei Eigentümer insbesondere der von ihm geführten Akten sowie der ihm

---

(109); *Dietz / Richardi*, vor § 26 Anm. 6, § 40 Anm. 36; *Erdmann / Jürging / Kammann*, § 1 Anm. 9; *Fitting / Auffarth / Kaiser*, § 1 Anm. 37; *Frauenkron*, § 40 Anm. 4; *Galperin / Löwisch*, vor § 1 Anm. 53, 96; *Gester*, S. 157; *Gramm*, AR-Blattei D, Betriebsverfassung VII, B I; *Hueck / Nipperdey* II/2, S. 1106; *Kraft*, GK-BetrVG, § 1 Anm. 51; *Küchenhoff*, § 1 Anm. 8; *Meissinger / Raumer*, § 1 Anm. 2; *Neumann-Duesberg*, S. 334; *Nikisch* III, S. 172; *Söllner*, S. 146; ferner die oben § 2 Fußnote 9 Genannten.

[42] *Dietz / Nikisch*, § 12 Anm. 55.

[43] *Dütz*, ZfA 1972, 247 (250); ders., AuR 1973, 353 (356, 371); *Dütz / Säcker*, DB 1972, Beilage Nr. 17, S. 16; *Fitting / Auffarth / Kaiser*, § 1 Anm. 37; dagegen *Grunsky*, § 85 Anm. 23.

[44] Erst in neuerer Zeit setzt sich die Erkenntnis durch, daß grundsätzlich allen Beisitzern ohne Rücksicht auf ihre Betriebs- oder Gewerkschaftszugehörigkeit eine Vergütung gezahlt werden darf, vgl. BAG AP Nr. 1 zu § 76 BetrVG 1972, Bl. 3 R — einschränkend aber neuerdings BAG DB 1976, 1017 (Vorbericht) —; ArbG Stuttgart, AuR 1974, 217; *Däubler*, DB 1973, 233 (235); *Dütz*, Anm. EzA Nr. 2 zu § 76 BetrVG 1972, S. 22 d, g; *Gnade / Kehrmann / Schneider*, § 76 Anm. 11; *Güntner*, BB 1964, 88 (89); *Thiele*, GK-BetrVG, § 76 Anm. 73; wohl auch *Dietz / Richardi*, § 76 Anm. 70; anders noch *Brecht*, § 76 Anm. 2; *Erdmann / Jürging / Kammann*, § 76 Anm. 12; *Fitting / Auffarth / Kaiser*, § 76 Anm. 18; *Frauenkron*, § 76 Anm. 21; *Martens*, Anm. AR-Blattei D, Einigungsstelle, Entscheidungen 1, Bl. 4 R ff.; *Pünnel*, AuR 1973, 257 (266).

[45] *Brecht*, § 40 Anm. 6; *Fitting / Auffarth / Kaiser*, § 40 Anm. 24; *Hässler*, S. 65; *Neumann-Duesberg*, S. 330 f.; *Thiele*, GK-BetrVG, Einleitung Anm. 73; einschränkend *Hueck / Nipperdey* II/2, S. 1205 Fußnote 25; *Wiese*, GK-BetrVG, § 40 Anm. 23; gänzlich ablehnend *Frauenkron*, § 40 Anm. 9; *Gramm*, AR-Blattei D, Betriebsverfassung VII, B II 1, B III 1; wohl auch *Galperin / Löwisch*, § 40 Anm. 32 ff., 45.

[46] *Fitting / Auffarth / Kaiser*, § 34 Anm. 4, § 40 Anm. 21; *Nikisch* III, S. 198 f.; *Thiele*, GK-BetrVG, Einleitung Anm. 73; wohl auch *Bitzer*, BUV 1972, 125 (150); ferner *Däubler*, AcP 175 (1975), 181 (182 f.); *Napp*, WA 1955, 103.

von dritter Seite überlassenen Bücher, Unterlagen usw. Demnach sieht es so aus, als könne der Betriebsrat zumindest in bestimmten Fällen entgeltliche bürgerlichrechtliche Verträge schließen und Eigentum erwerben, also Rechte und Pflichten vermögensrechtlichen Inhalts haben; allerdings werden diese ganz überwiegend nicht dem Betriebsrat selbst, sondern „seinen Mitgliedern" zugeschrieben[47].

Das Recht des Betriebsrats, im Rahmen des Erforderlichen die — entgeltlichen — Dienste eines Sachverständigen, Rechtsanwalts oder Beisitzers in Anspruch zu nehmen, ist zwar nicht dahin zu verstehen, er könne entsprechend dem Grundsatz des § 40 Abs. 2 BetrVG lediglich vom Arbeitgeber verlangen, daß dieser zugunsten des Betriebsrats eine geeignete Person beauftragt. Denn die Übertragung der Dienste erfolgt immer aufgrund besonderen Vertrauens. Es geht nicht an, daß beispielsweise bei einem Rechtsstreit zwischen Arbeitgeber und Betriebsrat ersterer sozusagen dem Gegenanwalt das Mandat erteilt, und entsprechendes gilt für die Beauftragung von Sachverständigen und Beisitzern. Um jede Einflußnahme seitens des Arbeitgebers auszuschließen, muß sich die Berechtigung des Betriebsrats außer auf die Auswahl der zu bestellenden Person auch darauf erstrecken, selbst den Kontakt anzubahnen, die gesamten Vertragsverhandlungen einschließlich der geldlichen Seite zu führen und den Auftrag zu erteilen[48]. Eine Kompetenz dieses Inhalts hat die Vermögensfähigkeit des Betriebsrats indessen nur zur Folge, wenn er solche Verträge in eigenem Namen zu schließen befugt ist und als Auftraggeber und Vertragspartner selbst berechtigt und verpflichtet wird. Wie an anderer Stelle näher ausgeführt[49], ist das gerade nicht der Fall. Der Betriebsrat tritt nach außen nicht als selbständiges Rechtssubjekt in Erscheinung, sondern seiner Stellung entsprechend als Bestandteil, als „Stelle" des Unternehmens. Macht er von der ihm ausnahmsweise verliehenen Befugnis Gebrauch, Unternehmensfremden gegenüber Rechtsgeschäfte vorzunehmen, so handelt er — ähnlich dem Aufsichtsrat[50] — im Namen und mit unmittelbar verpflichtender Wirkung für das Unternehmen, d. h. den Arbeitgeber. Nur die Annahme einer dahingehenden Fremd-

---

[47] Zu Vermögensrechten der Betriebsratsmitglieder unten III.

[48] So hinsichtlich der Bestellung eines Sachverständigen auch *Thiele*, GK-BetrVG, § 80 Anm. 58, wenn er annimmt, abweichend von der Regel des § 77 Abs. 1 Satz 1 BetrVG führe der Betriebsrat die „nähere Vereinbarung" mit dem Arbeitgeber durch, sofern nicht etwa anderes verabredet sei.

[49] Vgl. *Jahnke*, RdA 1975, 343 (345 ff.).

[50] Vgl. § 111 Abs. 2 Satz 2 AktG, wonach der Aufsichtsrat berechtigt ist, Sachverständige zu „beauftragen". Aus derartigen Verträgen wird allein die Gesellschaft berechtigt und verpflichtet, vgl. *Geßler / Hefermehl*, § 109 Anm. 16, § 111 Anm. 44, § 112 Anm. 25; *Mertens*, in Kölner Kommentar zum AktG, § 111 Anm. 41, § 112 Anm. 18; *Meyer-Landrut*, in Großkomm. AktG, § 111 Anm. 6; a. M. *Godin / Wilhelmi*, § 109 Anm. 5, § 111 Anm. 3.

wirkung außengerichteten rechtsgeschäftlichen Betriebsratshandelns wahrt den Grundsatz der Vermögensunfähigkeit des Betriebsrats und gewährleistet zugleich ein angemessenes Ergebnis. Sie vermeidet weitgehend haftungsrechtliche Konsequenzen für die Mitglieder des Betriebsrats. Dem Sachverständigen, Rechtsanwalt usw. haftet unmittelbar derjenige, der nach § 40 Abs. 1 BetrVG im Ergebnis ohnehin die Kosten zu tragen hat[51] und gegen den in der Praxis die Honoraransprüche auch geltend gemacht werden[52]. Ganz entsprechend hat das *Bundesarbeitsgericht*[53] versucht, mittels einer äußerst umständlich konstruierten und kaum aufrechtzuerhaltenden[54] „Durchgriffshaftung" Ansprüche der von dem Betriebsrat bestellten Beisitzer unmittelbar gegen den Arbeitgeber zu begründen.

Die Vorschrift des § 40 Abs. 2 BetrVG verpflichtet den Arbeitgeber, dem Betriebsrat die für dessen Amtstätigkeit benötigten Räumlichkeiten, sachlichen Mittel wie Büromöbel und -maschinen, Schreibmaterialien, Fachliteratur usw., ferner Bürokräfte zur Verfügung zu stellen. Der dahingehende Anspruch des Betriebsrats ist im arbeitsgerichtlichen Beschlußverfahren zu verfolgen, gegebenenfalls im Wege der Zwangsvollstreckung nach § 85 Abs. 1 ArbGG[55]; in dringenden Fällen kann der Betriebsrat eine einstweilige Verfügung erwirken, § 85 Abs. 2 ArbGG. Für eine weitergehende Kompetenz des Betriebsrats zur selbständigen Beschaffung von Räumen und Sachmitteln[56] fehlt nicht nur jedes Bedürfnis, sie steht auch im Widerspruch zu der

---

[51] Vgl. zu S a c h v e r s t ä n d i g e n *LAG Düsseldorf*, DB 1975, 358; *Erdmann / Jürging / Kammann*, § 40 Anm. 7; *Fitting / Auffarth / Kaiser*, § 40 Anm. 8 a; *Galperin / Löwisch*, § 40 Anm. 10; *Gnade / Kehrmann / Schneider*, § 40 Anm. 4; *Wiese*, GK-BetrVG, § 40 Anm. 11; zu R e c h t s a n w ä l t e n *RAG* ARS 6, 142 (144); 6, 187 (191); 10, 14 (16); 12, 426 (430); 13, 503 (506); *BAG* AP Nr. 6 zu § 20 BetrVG 1972, Bl. 2 R f.; *LAG Düsseldorf* AP Nr. 2 zu § 39 BetrVG, Bl. 2; *LAG Hamm*, BB 1954, 165; *BVerwG* AP Nr. 1 zu § 44 PersVG, Bl. 2; *OVG Münster* AP Nr. 6 zu § 44 PersVG, Bl. 1 R; *Dietz / Richardi*, § 40 Anm. 9; *Fitting / Auffarth / Kaiser*, § 40 Anm. 8; *Galperin / Löwisch*, § 40 Anm. 12; *Wiese*, GK-BetrVG, § 40 Anm. 10; zu B e i s i t z e r n d e r E i n i g u n g s s t e l l e *BAG* AP Nr. 7 zu § 76 BetrVG 1972, Bl. 2 R f.; AP Nr. 1 zu § 76 BetrVG 1972, Bl. 4; DB 1976, 1017 f. (Vorberichte); *LAG Baden-Württemberg*, DB 1962, 1612; *LAG Düsseldorf*, DB 1974, 832; *ArbG Mönchengladbach*, AuR 1971, 221; *ArbG Siegburg*, DB 1972, 588; *Dietz / Richardi*, § 76 Anm. 69 f.; *Fitting / Auffarth / Kaiser*, § 40 Anm. 8 b; *Thiele*, GK-BetrVG, § 76 Anm. 71 ff.; *Wiese*, GK-BetrVG, § 40 Anm. 12.

[52] Vgl. den Sachverwalt der in Fußnote 51 genannten Entscheidungen.

[53] AP Nr. 1 zu § 76 BetrVG 1972, Bl. 5 f. In die gleiche Richtung weist der jüngste, dogmatisch nicht minder zweifelhafte Versuch des *BAG*, dahingehende Ansprüche mittels eines Vertrages (zwischen Arbeitgeber und Betriebsrat) zugunsten Dritter (der Beisitzer) zu begründen; vgl. *BAG* DB 1976, 1017 f. (Vorbericht).

[54] Vgl. die Kritik von *Dütz*, Anm. EzA Nr. 2 zu § 76 BetrVG 1972, S. 22 i ff.; *Martens*, Anm. AR-Blattei D, Einigungsstelle, Entscheidungen 1, Bl. 6 R.

[55] Zur anzuwendenden Vollstreckungsart unten § 7, I 2, 3.

[56] Vgl. die Angaben oben Fußnote 45.

II. Sondervermögen der Institution Betriebsrat

gesetzlichen Regelung. Das Gesetz gewährt ausdrücklich einen Anspruch auf Sachleistungen. Diesen darf der Betriebsrat nicht einfach ignorieren und gleichsam zur „Selbsthilfe" greifen. Sogar nach schuldrechtlichen Grundsätzen wäre der Gläubiger zu solchem Vorgehen nur unter besonderen Voraussetzungen im Wege des Schadenersatzes berechtigt (vgl. §§ 283, 286, 326 BGB), und für diesbezügliche Überlegungen ist im Betriebsverfassungsrecht kein Raum. Dem Arbeitgeber muß es schließlich überlassen bleiben, die ihm gegebenen Möglichkeiten zur Beschaffung des Geschäftsbedarfs auszuschöpfen; etwaige Bestimmungsrechte des Betriebsrats, beispielsweise hinsichtlich der von ihm zu benutzenden Fachliteratur[57], bleiben davon unberührt. Eine Befugnis des behaupteten Inhalts besteht demnach nicht, so daß es keiner Prüfung bedarf, ob eine solche die Fähigkeit bedingt, sich mittels entsprechender schuldrechtlicher Verträge zu verpflichten.

Sämtliche dem Betriebsrat zur Verfügung gestellten Sachen verbleiben im Eigentum des Arbeitgebers (Betriebsinhabers). Der Arbeitgeber erfüllt seine Verpflichtung aus § 40 Abs. 2 BetrVG dadurch, daß er dem Betriebsrat die Benutzung (bzw. den Verbrauch) der benötigten Räume und sachlichen Mittel ermöglicht. Mehr gebietet der Zweck der Vorschrift nicht, insbesondere enthält sie keine Regelung über die eigentumsmäßige Zuordnung dieser Dinge. Die der betrieblichen Einrichtung Betriebsrat überlassenen Gegenstände teilen deshalb das rechtliche Schicksal der sonstigen Betriebsmittel, sie stehen ausnahmslos im Eigentum des Arbeitgebers; das gilt auch für Gegenstände, die zum Verbrauch bestimmt sind, sowie für die Akten des Betriebsrats[58]. Dem ist entgegengehalten worden[59], die Herstellung der Akten sei eine Verarbeitung des Schreibpapiers im Sinne des § 950 BGB, so daß der Betriebsrat bzw. dessen Mitglieder kraft Gesetzes das Eigentum erwürben. Diese Auffassung verkennt, daß die Vorschrift des § 950 BGB lediglich den Interessenkonflikt zwischen Stoffeigentümer und Verarbeiter zugunsten des letzteren entscheidet, nicht aber regelt, wer im konkreten Fall als Hersteller der neuen Sache das Eigentum erwirbt. Hersteller im Sinne des § 950 BGB ist nicht nur der eigen-

---

[57] Dazu nur *Dietz / Richardi*, § 40 Anm. 32; *Fitting / Auffarth / Kaiser*, § 40 Anm. 18; *Galperin / Löwisch*, § 40 Anm. 37 f.; *Wiese*, GK-BetrVG, § 40 Anm. 26; eingehend ferner *Bulla*, DB 1974, 1622 ff.; *G. Müller*, Betriebsverfassung 1954, Nr. 3, S. 3 ff., die hier einen Zusammenhang konstruieren; indessen ist ein Anspruch des Betriebsrats gegen den Arbeitgeber nach § 40 Abs. 2 BetrVG auf Zurverfügungstellung des Kommentars eines bestimmten Autors ebenso geltend zu machen und zu vollstrecken wie derjenige auf Gestellung eines — beliebigen — Standardkommentars.

[58] So treffend *ArbG Paderborn*, SAE 1955, 108 (109), und im Ergebnis die weitaus h. M.; vgl. nur *Dietz / Richardi*, § 40 Anm. 36; *Galperin / Löwisch*, § 40 Anm. 42; *Wiese*, GK-BetrVG, § 40 Anm. 31; eingehend *W. Böhm*, RdA 1974, 88 (89 ff.).

[59] Vgl. die Angaben oben Fußnote 46.

händige Verarbeiter, sondern in einer arbeitsteiligen Wirtschaft auch derjenige, der „herstellen läßt"; maßgebend ist neben dem Parteiwillen vor allem die jeweilige Organisation des Verarbeitungsprozesses und letztlich die Verkehrsanschauung[60]. Da der Betriebsrat ein Bestandteil des Unternehmens und in dessen Organisation eingebettet ist, erfolgt eine etwaige Verarbeitung für das Unternehmen, d. h. für den Arbeitgeber als denjenigen, der auch sonst Zuordnungssubjekt der Rechte und Pflichten aus den von dem Betriebsrat im Rahmen seiner Befugnisse getätigten vermögensrechtlichen Geschäften ist. Entgegen *Däubler*[61] führt auch die Besinnung auf die Leitgedanken der Betriebsverfassung zu keinem anderen Ergebnis. Die „Verwirklichung einer Selbstbestimmungsordnung im Betrieb" zwingt weder zur Schaffung eines Sondervermögens für Zwecke des Betriebsrats noch zur Annahme von Eigentum des Betriebsrats an den von ihm geführten Akten[62].

Das Eigentum an den von dritter Seite eingehenden Schriftstücken und Unterlagen erwirbt der Betriebsrat für das Unternehmen, d. h. den Arbeitgeber. Bei sonstigen Zuwendungen Dritter, etwa den von einer Gewerkschaft dem Betriebsrat für seine Amtsführung geschenkten Büchern, Broschüren, Arbeitsmitteln usw., wird die Auslegung häufig ergeben, daß die Mitglieder des Betriebsrats persönlich begünstigt werden sollen[63], bei größeren Betriebsräten möglicherweise nur der Vorsitzende mit der Auflage, den anderen Mitgliedern die Benutzung zu ermöglichen. Ebenso kann eine auf Dauer berechnete Leihgabe in Betracht kommen. Will der Zuwendende allerdings unmittelbar dem Betriebsrat, d. h. der Institution etwas zukommen lassen, so kann er nur das Unternehmen (den Arbeitgeber) zum Eigentümer machen[64].

Rechte und Pflichten vermögensrechtlichen Inhalts, die allein dem Betriebsrat zuzuordnen wären, sind also dem Betriebsverfassungsrecht unbekannt, der Grundsatz der mangelnden Vermögensfähigkeit gilt ausnahmslos. Da der Betriebsrat als solcher in keinem Fall eigene Verbindlichkeiten zu begründen vermag, ihm selbst daher niemals Kosten entstehen, gibt es auch keine Ansprüche des Gremiums gegen den Arbeitgeber auf Kostenerstattung, Freistellung oder Vorschuß. Wenn gleichwohl trotz unterstellter Vermögensunfähigkeit von sol-

---

[60] Vgl. — mit Nachweisen — *Soergel / Mühl*, § 950 Anm. 3 f.; *Staudinger / Berg*, § 950 Anm. 13.
[61] AcP 175 (1975), 181 (183); vgl. ferner schon *Napp*, WA 1955, 103.
[62] Vgl. oben § 2 IV zu Fußnoten 53 ff.
[63] Vgl. aber §§ 37 Abs. 1, 41, 78 Satz 2 BetrVG und dazu *Wiese*, GK-BetrVG, § 37 Anm. 4 ff.
[64] Treffend das Beispiel von W. *Böhm*, RdA 1974, 88 (91): Wer einem Lehrerkollegium etwas schenken will, kann nur die Lehrer persönlich oder den Staat zum Eigentümer machen. Ein Drittes gibt es nicht.

chen Ansprüchen des Betriebsrats die Rede ist[65], so kann es sich nur um Ansprüche auf Leistung an die die Aufwendungen bestreitenden Betriebsratsmitglieder[66] oder — bei zulässigerweise seitens des Betriebsrats getätigten Hilfsgeschäften — unmittelbar an den beauftragten Sachverständigen, Rechtsanwalt usw.[67] handeln.

III. Gesondertes Zweckvermögen der Mitglieder des Betriebsrats

Es hat sich gezeigt, daß das Betriebsverfassungsrecht dem Betriebsrat in keinem einzigen Fall Vermögensrechte zuweist. Ein Betriebsratsvermögen in Form eines Sondervermögens der Institution Betriebsrat existiert also nicht. Es bleibt die Frage, ob das Betriebsverfassungsrecht die Bildung eines den Mitgliedern des Betriebsrats zuzuordnenden besonderen Vermögens vorsieht, in das wegen der gegen den Betriebsrat gerichteten Ansprüche vollstreckt werden kann. In erster Linie kommt ein gesellschaftsähnliches Gesamthandsvermögen der Mitglieder in Betracht, ferner eine Gemeinschaft nach Bruchteilen (Forderungsgemeinschaft bzw. Miteigentum an einzelnen Vermögensrechten) sowie ein von einzelnen Mitgliedern für den Betriebsrat treuhänderisch verwaltetes Sondervermögen.

1. Gesamthand und Bruchteilsgemeinschaft

Mit der Annahme eines gesamthänderisch gebundenen gemeinschaftlichen Vermögens der Mitglieder des Betriebsrats ist ein von ihrem übrigen Vermögen rechtlich getrenntes Sondervermögen gemeint, über das nur gemeinschaftlich (durch Beschluß, § 33 BetrVG) verfügt werden kann; insbesondere eine Verfügung über den „Anteil" eines Mitglieds an den einzelnen Vermögensgegenständen ist ausgeschlossen[68].

---

[65] Vgl. etwa BAG AP Nr. 1 Bl. 1 R f., Nr. 8 Bl. 1 R zu § 39 BetrVG; *Brecht*, § 40 Anm. 4, 5; *Dietz / Richardi*, § 40 Anm. 4, 8 f., 39; *Erdmann / Jürging / Kammann*, § 40 Anm. 11; *Fitting / Auffarth / Kaiser*, § 40 Anm. 9, 23; *Gnade / Kehrmann / Schneider*, § 40 Anm. 2; *Neumann-Duesberg*, S. 326 f.

[66] Vgl. auch zur Möglichkeit bloßer Prozeßstandschaft des Betriebsrats *Wiese*, Anm. AP Nr. 6 zu § 37 BetrVG 1972, Bl. 3 R, mit Nachweisen.

[67] Das BAG (AP Nr. 1 zu § 76 BetrVG 1972, Bl. 6) hat zwar im Fall der Bestellung eines Beisitzers der Einigungsstelle dem Betriebsrat einen dahingehenden Anspruch ausdrücklich versagt, will aber bei Auslagen einzelner Betriebsratsmitglieder für Zwecke des Betriebsrats anders verfahren (vgl. BAG AP Nr. 8 zu § 37 BetrVG 1972, Bl. 1 R). Der Betriebsrat muß aber bei der Heranziehung von — gegen Entgelt in seinem Interesse tätigen — Hilfspersonen erst recht in Stand gesetzt sein, den Arbeitgeber zu vertragsgemäßem Verhalten, insbesondere zur Zahlung von Vorschüssen (vgl. z. B. § 17 BRAGebO), anzuhalten, will man nicht empfindliche Störungen der Betriebsratsarbeit wegen bloßen Zahlungsverzugs in Kauf nehmen.

[68] Vgl. §§ 719 Abs. 1, 1419 Abs. 1, 2033 Abs. 2 BGB.

§ 4 Ausschluß eines Betriebsratsvermögens

Es macht dabei keinen Unterschied, ob man den — nichtrechtsfähigen — Betriebsrat mehr als körperschaftlich oder als gesellschaftsähnlich (personalistisch) strukturiertes Gebilde ansieht[69], weil nach § 54 Satz 1 BGB auch auf den Prototyp der Körperschaft, den nichtrechtsfähigen Verein, insoweit Gesellschaftsrecht Anwendung findet. Zur Zwangsvollstreckung in ein derartiges Betriebsratsvermögen ist ein den Betriebsrat verurteilender Beschluß erforderlich und genügend (vgl. § 124 Abs. 2 HGB, § 735 ZPO[70]); in Anlehnung an § 736 ZPO mag u. U. auch ein gegen alle Betriebsratsmitglieder ergangener Beschluß genügen.

Ein als Gesamthandsvermögen der Mitglieder konstruiertes Betriebsratsvermögen setzt voraus, daß die Mitglieder (Gesamthänder) Rechte und Pflichten vermögensrechtlichen Inhalts haben können. Zwar kann das „Amt" des Betriebsratsmitglieds, d. h. der abstrakte, durch Gesetz, Tarifvertrag und Betriebsvereinbarung sowie die Geschäftsordnung (§ 36 BetrVG) gezogene Aufgaben- und Pflichtenkreis[71], als solches nicht Anknüpfungspunkt von Vermögensrechten sein. Es ist aber eine dem Betriebsverfassungsrecht geläufige Vorstellung, daß die Person, die das Amt eines Betriebsratsmitglieds innehat, auch in Ausübung ihres Amtes Verbindlichkeiten eingeht und Vermögensrechte erwirbt. Ein Betriebsratsmitglied muß etwa bei einer Dienstreise zur Wahrnehmung von Betriebsratsaufgaben von sich aus für Fahrt, Verpflegung und Unterkunft sorgen und wird aus den zu diesem Zweck eingegangenen Verträgen persönlich berechtigt und verpflichtet. Das gilt auch für den gegen den Arbeitgeber gerichteten[72] gesetzlichen Anspruch auf Ersatz der notwendigen Aufwendungen gemäß § 40 Abs. 1 BetrVG; ebenso wird ein etwaiger Vorschuß des Arbeitgebers — den Verfügungswillen der Beteiligten unterstellt[73] — persönliches Eigentum des betreffenden Betriebsratsmitglieds. Es handelt sich also immer um „privates" Vermögen des Amtsinhabers. Bei einem Wechsel in dessen Person gehen die im Rahmen der amtlichen Tätigkeit erwor-

---

[69] Die nur vereinzelt anzutreffenden diesbezüglichen Äußerungen gehen zumeist ziemlich unreflektiert von einem dieser Strukturprinzipien aus. So betonen *LG Köln*, NZfA 1922, 56 („vereinsähnliches Gebilde"); *Joachim*, Betriebsverfassung 1955, Nr. 11, S. 1; *Lieb / Gift*, § 82 Anm. 2; *Nikisch* III, S. 199, mehr den körperschaftlichen Charakter, während *Fitting*, § 10 Anm. 3; *Kaskel / Dersch*, S. 287; *Thiele*, GK-BetrVG, Einleitung Anm. 52, 73, eher die Parallele zur Gesellschaft bürgerlichen Rechts ziehen.

[70] Der Betriebsrat kann wie die (nichtrechtsfähige) OHG und der nichtrechtsfähige Verein als solcher „verklagt" werden und Vollstreckungsschuldner sein (§§ 10, 85 Abs. 1 ArbGG).

[71] Zum Amtsbegriff *Säcker*, RdA 1965, 372 (374 ff.), sowie allgemein *Wolff / Bachof* II, S. 28 ff.

[72] So jedenfalls die ganz h. M., vgl. *Wiese*, Anm. AP Nr. 6 zu § 37 BetrVG 1972, Bl. 3, gegen *Dütz / Säcker*, DB 1972, Beilage Nr. 17, S. 7 mit Fußnote 25; vgl. auch oben § 2 Fußnote 62.

[73] Vgl. auch oben § 2 IV.

III. Gesondertes Zweckvermögen der Mitglieder

benen Vermögensrechte und -pflichten nicht „automatisch" kraft Gesetzes auf den Nachfolger im Amt über; es bedarf hierzu eigener bürgerlichrechtlicher Übertragungsakte, soweit nicht ohnehin wegen der Amtsübergabe mit dem Arbeitgeber abgerechnet werden muß.

Etwas anderes folgt nicht bereits aus dem Umstand, daß statt des einen mehrere oder alle Mitglieder des Betriebsrats gemeinsam Betriebsratsaufgaben wahrnehmen und zu diesem Zweck — persönlich — Verbindlichkeiten eingehen, zum Beispiel bei der Teilnahme des gesamten Betriebsrats an einer Schulungs- und Bildungsveranstaltung nach § 37 Abs. 6 BetrVG. In aller Regel begründen die Mitglieder getrennte Verbindlichkeiten und erwerben demgemäß jeweils eigene Kostenerstattungsansprüche nach § 40 Abs. 1 BetrVG. Schließen sie ausnahmsweise gemeinschaftlich einen Vertrag (hinsichtlich Fahrt, Verpflegung, Unterkunft, Teilnahme an der Veranstaltung usw.), so haften sie im Zweifel als Gesamtschuldner (§ 427 BGB) und erwerben eine anteilige (§ 420 BGB) bzw. eine gemeinschaftliche Berechtigung nach Bruchteilen (Mitgläubigerschaft in Form der sog. einfachen Forderungsgemeinschaft, § 432 Abs. 1 Satz 1 BGB[74]). Ein Kostenerstattungsanspruch nach § 40 Abs. 1 BetrVG steht nur denjenigen Mitgliedern zu, die die (notwendigen) Aufwendungen bestritten haben. Vorschüsse des Arbeitgebers aus derart konkretem Anlaß, die er den Mitgliedern mit dem Willen zur Veräußerung der Mittel gewährt, führen zur Entstehung von Miteigentum (Bruchteilseigentum nach §§ 741 ff., 1008 ff. BGB), da dem Gesetz Gegenteiliges nicht zu entnehmen ist. Weder ordnet das Betriebsverfassungsrecht unmittelbar die Rechtsfolge der Gesamthandsberechtigung an, noch bilden die betreffenden Mitglieder im Hinblick auf das gemeinsame Ziel eine Gesellschaft bürgerlichen Rechts (§§ 705 ff. BGB). Die — tatsächliche — ad-hoc-Gemeinschaft dieser Mitglieder beruht nicht auf Rechtsgeschäft, sondern auf dem gesetzlichen Auftrag zur Wahrnehmung von Betriebsratsaufgaben — im Beispiel zur Teilnahme an der Schulungs- und Bildungsveranstaltung —; auch fehlt es an der eine Gesellschaft konstituierenden (vgl. § 705 BGB) gegenseitigen Verpflichtung zur Förderung des gemeinsamen Zwecks.

Im Gegensatz zu den Vorschüssen für einen genau bezeichneten Bedarf, die der Arbeitgeber einem oder mehreren, im Extremfall auch einmal allen Betriebsratsmitgliedern zu ihrer persönlichen Verfügung gewährt, geht es bei einem ganz allgemein bereitgestellten „Fonds" um vermögensrechtliche Belange des Betriebsrats als solchen. Wie bereits ausgeführt[75], entsteht damit kein Vermögen der Institution. Die Übertragung der Mittel auf die Mitglieder des Betriebsrats ist

---

[74] Dazu nur *Larenz* I, S. 486, 488 f.
[75] Oben II und § 2 IV.

aber ebenso ausgeschlossen. Die Annahme von Gesamthandseigentum sämtlicher Mitglieder an solchen Mitteln verbietet sich aus den soeben dargelegten Gründen[76]. Das Betriebsverfassungsrecht hat den Betriebsrat auch nicht als modifizierte Form der BGB-Gesellschaft (oder des nichtrechtsfähigen Vereins) ausgestaltet, so daß bei Lückenhaftigkeit der gesetzlichen Regelung auf die diesbezüglichen Vorschriften des Bürgerlichen Gesetzbuchs zurückgegriffen werden könnte[77]. Gerade im vermögensrechtlichen Bereich trifft es mit der Kostentragungspflicht des Arbeitgebers (§ 40 BetrVG) und dem Verbot der Beitragserhebung und -leistung auch von Betriebsratsmitgliedern (§ 41 BetrVG)[78] eine gänzlich abweichende und unvergleichbare Regelung. Die Betriebsratsmitglieder sind zwar nicht gehindert, eine Gesellschaft oder einen Verein zu gründen[79], nur entstehen dabei neue, selbständige Gebilde neben der betriebsverfassungsrechtlich organisierten Personengesamtheit Betriebsrat; dabei anfallende Sondervermögen unterliegen nicht dem Betriebsverfassungsrecht, insbesondere nicht der Zwangsvollstreckung aus einem im arbeitsgerichtlichen Beschlußverfahren ergangenen Titel. Die demzufolge allein mögliche Gemeinschaft nach Bruchteilen (§§ 741 ff., 1008 ff. BGB) kommt schon der schlechthin unsinnigen Ergebnisse wegen, die eine Anwendung der Vorschriften über die Verwaltungs- und Verfügungsrechte und die Auseinandersetzung mit sich brächte, nicht in Betracht[80]. Es fehlt überhaupt an einem Bedürfnis für derartige Zuwendungen, weil dem Betriebsrat als solchem aus seiner Tätigkeit Aufwendungen nicht entstehen[81], die Mitglieder sich aber unmittelbar an den Arbeitgeber halten können. Der nicht zwingend gebotene persönliche Erwerb von Geldern, die nicht der Tätigkeit des betreffenden Betriebsratsmitglieds zu dienen bestimmt sind, und die damit verbundene persönliche Haftung bei nicht ordnungsgemäßer Verwendung der Mittel vertragen sich außerdem nicht mit dem Charakter des Betriebsratsamts als

---

[76] Ablehnend auch W. *Böhm*, RdA 1974, 88 (90 f.); *Däubler*, AcP 175 (1975), 181 (183); *Dietz / Richardi*, § 40 Anm. 36; *Fischer*, RdA 1961, 230; *Wiese*, GK-BetrVG, § 40 Anm. 31. Wenn allerdings *Däubler* zur Begründung darauf abstellt, daß im Falle von Gesamthandseigentum der Betriebsratsmitglieder („zweckwidrig") über den Anteil eines Mitglieds verfügt werden könne, so ist dem entgegenzuhalten, daß zum einen eine dahingehende Verfügung über einzelne Vermögensgegenstände schlechthin ausgeschlossen ist (vgl. § 719 Abs. 1 BGB), zum anderen die von ihm favorisierte Konstruktion eines Vermögens des als teilrechtsfähig gedachten Betriebsrats („neuartige Form von Treuhandeigentum") ebensowenig vor entsprechenden Verfügungen schützen würde.

[77] Vgl. auch *Thiele*, GK-BetrVG, Einleitung Anm. 41.

[78] So ausdrücklich *Wiese*, BlStSozArbR 1974, 353 (365).

[79] Vgl. aber §§ 37 Abs. 1, 41, 78 Satz 2 BetrVG.

[80] Vgl. auch *Dietz / Richardi*, § 40 Anm. 36.

[81] Vgl. oben II.

III. Gesondertes Zweckvermögen der Mitglieder

Ehrenamts (§§ 37 Abs. 1, 78 Satz 2 BetrVG), das mit keinen finanziellen Vor- oder Nachteilen verbunden sein darf[82].

Weitere Kompetenzen des Betriebsrats oder seiner Mitglieder, die zur Entstehung gesamthänderisch gebundener Vermögensrechte führen könnten, sind nicht ersichtlich. Das gilt vor allem für Hilfsgeschäfte des Betriebsrats; auch das Eigentum an den Akten des Betriebsrats und an Eingängen und Zuwendungen von dritter Seite gebührt jedenfalls nicht den zur Gesamthand verbundenen Betriebsratsmitgliedern[83]. Ein den Zwecken des Betriebsrats dienendes Sondervermögen in Gestalt eines Gesamthandsvermögens der Betriebsratsmitglieder existiert nach alledem nicht. Die allein rechtlich mögliche (Gelegenheits-)Gemeinschaft mehrerer, u. U. aller Betriebsratsmitglieder an einzelnen Vermögensgegenständen bietet aber keine einem Betriebsratsvermögen gleichkommende Grundlage für die Zwangsvollstreckung aus einem gegen das Gremium Betriebsrat ergangenen Titel.

2. Treuhand

Wenn das Betriebsverfassungsrecht zuläßt, daß ein Mitglied des Betriebsrats — etwa der Vorsitzende oder ein eigens beauftragter „Rechnungsführer" — Vorschüsse des Arbeitgebers oder sonstige Vermögensrechte im eigenen Namen und in eigener Rechtszuständigkeit, aber im Interesse des Betriebsrats erwirbt und verwendet[84], so mag damit in Gestalt der (fiduziarischen[85]) Treuhand eine weitere denkbare Form von Betriebsratsvermögen entstehen. Kennzeichen der Treuhand ist der Erwerb bestimmter Vermögensrechte unter obligatorischer Bindung des Erwerbers. Es handelt sich immer um Rechtsbeziehungen zwischen vermögensfähigen Subjekten; das Institut der Treuhand vermag die fehlende Vermögensfähigkeit eines Beteiligten nicht zu ersetzen. So bleibt auch unklar, wer bei dieser Konstellation im schuldrechtlichen und vollstreckungsrechtlichen Sinne Treugeber sein soll. Der Arbeitgeber scheidet aus, weil die Mittel nicht in seinem Interesse

---

[82] Vgl. auch *Weiss*, RdA 1974, 269 (277), der in ähnlichem Zusammenhang auf die Gefahr einer Korrumpierung der Betriebsräte hinweist, sowie unten § 5 I 1 zu Fußnoten 10 ff.

[83] Zum Ganzen oben II.

[84] So *Dietz / Richardi*, § 40 Anm. 4; unentschieden *Grunsky*, § 85 Anm. 4; vgl. auch *Däubler*, AcP 175 (1975), 181 (183).

[85] Die sog. Ermächtigungstreuhand, d. h. die Einräumung lediglich der Verfügungsbefugnis (§ 185 Abs. 1 BGB) über das im Vermögen des Arbeitgebers verbleibende „Treugut", hat aus der weiteren Betrachtung auszuscheiden, weil es zu der Übertragung von Vermögen und damit einer Zugriffsmöglichkeit in der Zwangsvollstreckung gegen den Betriebsrat (oder dessen Mitglieder) gar nicht erst kommt; vgl. zu den Begriffen *Coing*, S. 90, auch S. 88 ff.

verwendet werden. Überdies ist die Verwaltung von Geldern für den Arbeitgeber keine Aufgabe des Betriebsrats oder seiner Mitglieder. Der Betriebsrat als solcher kann die dem Treugeber zustehenden obligatorischen (Vermögens-)Rechte schon mangels Vermögensfähigkeit nicht innehaben. Wenn aber die Mitglieder des Betriebsrats die Rechtsstellung des Treugebers einnähmen, so bildeten die genannten Rechte ihrerseits ein Sondervermögen; bei einer Zwangsvollstreckung von Privatgläubigern des „Treuhänders" in das seiner Verwaltung unterliegende Gut hätten die Mitglieder — amtspflichtgemäß — die Interventionsklage nach § 771 ZPO zu erheben[86] usw. Spätestens diese Überlegung zeigt, daß die Bildung eines Treuhandvermögens zugunsten des Betriebsrats betriebsverfassungsrechtlich nicht möglich sein kann. Die Unzulässigkeit folgt auch daraus, daß ein Betriebsratsmitglied weder berechtigt noch verpflichtet ist, in Ausübung seines Amtes die Rechtsstellung eines Treuhänders einzunehmen (§ 37 Abs. 1, § 78 Satz 2 BetrVG). Insoweit sei auf die oben angestellten Überlegungen verwiesen. Als Ergebnis bleibt somit festzuhalten, daß ein Betriebsratsvermögen weder in Form eines Sondervermögens der Betriebsratsmitglieder noch als Treuhandvermögen existiert. Die Frage, ob die Zwangsvollstreckung aus einem gegen das Gremium Betriebsrat ergangenen Titel in solche Vermögen überhaupt zulässig ist, mag deshalb auf sich beruhen[87].

---

[86] Vgl. nur *Baumann,* S. 226; *Blomeyer,* S. 153; *Stein / Jonas / Münzberg,* § 771 Anm. II 1 a.

[87] *Grunsky,* § 85 Anm. 4 f., bejaht dies ohne weiteres, jedoch ohne Rücksicht auf die zivilprozessuale Rechtslage; dazu nur *Blomeyer,* S. 154.

§ 5 Vermögensbezogene Zwangsvollstreckung gegen den Betriebsrat

In der Zwangsvollstreckung geht es um die Verwirklichung eines materiellen Rechts durch die Anwendung von Zwang gegen das Vermögen oder die Person des Verpflichteten. Im Fall einer Verurteilung des Betriebsrats, d. h. eines mit seinen Mitgliedern nicht identischen, „juristischen" Subjekts der Betriebsverfassung, gibt der die Verpflichtung aussprechende Beschluß (vgl. § 85 Abs. 1 ArbGG) nicht ohne weiteres zu erkennen, in wessen Vermögen und gegen wessen Person vollstreckt werden muß. Die herrschende Lehre hält eine Zwangsvollstreckung gegen den Betriebsrat weithin für ausgeschlossen[1]. Ihr Ausgangspunkt, die Vermögensunfähigkeit des Betriebsrats, erwies sich als richtig: Ein in der Zwangsvollstreckung als Betriebsratsvermögen zu behandelndes Sondervermögen des Gremiums oder seiner Mitglieder existiert nicht[2]. Wenn sie sich allerdings mit dieser Feststellung begnügt, bricht sie die Erörterung allzu früh ab. Die weiteren Überlegungen müssen an die in § 85 ArbGG zum Ausdruck kommende Absicht des Gesetzes anknüpfen, den Subjekten der Betriebsverfassung die zwangsweise Durchsetzung ihrer Rechte zu ermöglichen. Angesichts der betriebsverfassungsrechtlichen Besonderheiten verbietet sich eine schematische Übertragung des Vollstreckungsrechts der Zivilprozeßordnung auf das arbeitsgerichtliche Verfahren in Betriebsverfassungssachen. Eine Lösung des gestellten Problems läßt sich deswegen nur durch eine entsprechende, d. h. nötigenfalls modifizierende Anwendung der zivilprozessualen Vollstreckungsmaßnahmen gewinnen, wobei deren spezifische Wirkungsweise nicht angetastet werden darf.

I. Zwangsgeld und Ordnungsgeld zur Erwirkung unvertretbarer Handlungen und Unterlassungen (§§ 888, 890 ZPO)

1. Zugriff auf das Privatvermögen von Betriebsratsmitgliedern als verbleibende und betriebsverfassungsrechtlich gebotene Vollstreckungsmöglichkeit

Die Zwangsvollstreckung aus einem rechtskräftigen arbeitsgerichtlichen Beschluß, der dem Betriebsrat die Verpflichtung auferlegt, eine

---
[1] Oben § 2 II mit Angaben in Fußnote 9.
[2] Oben § 4.

unvertretbare, ausschließlich von seinem Willen abhängende Handlung vorzunehmen oder eine Handlung zu unterlassen[3], erfolgt in der Weise, daß das Arbeitsgericht auf Antrag des Vollstreckungsgläubigers den Betriebsrat (Vollstreckungsschuldner) zu einem Zwangsgeld bzw. Ordnungsgeld oder zu Haft verurteilt, §§ 888, 890 ZPO i. V. m. § 85 Abs. 1 ArbGG. Damit soll auf den Willen des Vollstreckungsschuldners eingewirkt werden mit dem Ziel, ihn zur Vornahme der gebotenen Handlung bzw. zur Unterlassung des untersagten Verhaltens zu bewegen. Trotz des Beugecharakters von Zwangsgeld und Ordnungsgeld haften nach herrschender Auffassung auch juristische Personen und andere parteifähige Vereinigungen mit ihrem Vermögen, nicht aber die für sie handelnden physischen Personen[4]. Im Gegensatz zu allen vergleichbaren Personengesamtheiten verfügt aber der Betriebsrat gerade nicht über ein Vermögen. Dieser Befund läßt drei denkbare Folgerungen zu: Wegen der Zwangsgelder und Ordnungsgelder ist entweder in das Vermögen des Unternehmens (Arbeitgebers) oder in das Privatvermögen von Mitgliedern des Betriebsrats zu vollstrecken, oder die Vollstreckung scheidet schlechthin aus[5].

---

[3] Beispiele für Pflichten des Betriebsrats zur Vornahme unvertretbarer Handlungen: Auskunftspflichten etwa gegenüber dem Arbeitgeber (§ 2 Abs. 1 BetrVG), den Betriebsratsmitgliedern (vgl. § 34 Abs. 3 BetrVG), anderen betriebsverfassungsrechtlichen Einrichtungen (Gesamtbetriebsrat, Jugendvertretung — § 70 Abs. 2 BetrVG, Vertrauensmann der Schwerbehinderten — § 26 Abs. 1 SchwbG, usw.), den Gewerkschaften (vgl. § 2 Abs. 1 BetrVG); die Einberufung von Betriebsversammlungen und die Erstattung des Tätigkeitsberichts (§ 43 Abs. 1 BetrVG); die Entsendung von Mitgliedern in den Gesamtbetriebsrat (§ 47 Abs. 2 BetrVG); die Beiziehung des Arbeitgebers (§ 29 Abs. 4 BetrVG), der Jugendvertretung (§§ 67, 68 BetrVG) und des Vertrauensmanns der Schwerbehinderten (§ 22 Abs. 4 SchwbG); **die Verhandlungspflicht** (§ 74 Abs. 1 Satz 2 BetrVG); ferner mannigfache Pflichten aus Tarifverträgen, Betriebsvereinbarungen und Betriebsabsprachen.

Als Beispiele für eigens geregelte Unterlassungspflichten sei auf §§ 74 Abs. 2, 77 Abs. 1 Satz 2 BetrVG verwiesen, doch hat der Betriebsrat jegliches betriebsverfassungswidrige Verhalten, insbesondere jeden Mißbrauch seines Amtes zu unterlassen.

Die hier angestellten Überlegungen gelten gleichermaßen für die Zwangsvollstreckung nach § 889 ZPO wegen einer — gewiß nicht häufigen — materiell-rechtlichen (vgl. § 259 BGB) Verpflichtung des Betriebsrats zur Abgabe der eidesstattlichen Versicherung; dazu etwa *Dütz / Säcker*, DB 1972, Beilage Nr. 17, S. 7; ferner *Rewolle*, BB 1974, 888 (889).

[4] Dazu oben § 3 II.

[5] Eine vierte, rein theoretische und hier nicht weiter zu verfolgende Möglichkeit bildet die Heranziehung der Arbeitnehmer des Betriebs; ein derartiges Vorgehen verbietet sich indessen selbst bei Annahme einer verbandsrechtlich organisierten Belegschaft (dazu nur *Dietz / Richardi*, § 1 Anm. 5 ff.; *Galperin / Löwisch*, vor § 1 Anm. 35 ff.; *Thiele*, GK-BetrVG, Einleitung Anm. 70 f.), weil nach allgemeinen zivilprozessualen Grundsätzen aus einem gegen den Verband (bzw. dessen Organ, hier den Betriebsrat) ergangenen Titel nicht gegen die Mitglieder des Verbands vollstreckt werden darf und auch der Gedanke der Willensbeugung äußerstenfalls die Anwendung von Beugezwang gegen die in concreto zu titelgemäßem **Verhalten** verpflichteten (Organ-)Personen zu rechtfertigen vermag (vgl. oben § 3).

I. Zwangsgeld und Ordnungsgeld

Wenn es richtig ist[6], daß der Betriebsrat als integrierender Bestandteil des Unternehmens dieses im Rahmen seiner Amtstätigkeit Dritten gegenüber repräsentiert, insbesondere es — ausnahmsweise — unmittelbar rechtsgeschäftlich verpflichten kann, so scheint es nur folgerichtig, die etwa von einer Gewerkschaft[7] gegen den Betriebsrat erwirkten Zwangs- und Ordnungsgelder aus dem Vermögen des Unternehmens beizutreiben. Bereits der Vergleich mit dem (Beuge-)Mechanismus der zivilprozessualen Vollstreckung gegen juristische Personen zeigt aber die Fragwürdigkeit einer solchen Deduktion. Eine Vollstreckung in das Vermögen der juristischen Person ist nur gerechtfertigt, weil deren innere Organisation mittels Rechenschaftspflicht, Aufsicht, Regreß, notfalls Abberufung usw. eine Einwirkung auf den Willen des Vorstands zur Herbeiführung eines dem Titel gemäßen Verhaltens gestattet[8]. Eine vergleichbare Einwirkung auf den Willen des Betriebsrats kann es nicht geben, weil jede (institutionalisierte) Einflußnahme von seiten des Unternehmens in genauem Gegensatz zu der Aufgabe des Betriebsrats stünde, die Interessen der Arbeitnehmer zu vertreten. Zwar kann das Unternehmen (der Arbeitgeber) beispielsweise nach § 23 Abs. 1 BetrVG unter besonderen Voraussetzungen die Amtsenthebung des Betriebsrats betreiben; das Gesetz entzieht ihm aber jeden Einfluß hinsichtlich der Person des Nachfolgers (Ersatzmitglied gemäß § 25 oder Neuwahl nach §§ 13 ff. BetrVG, vgl. auch § 119 Abs. 1 Nr. 1 BetrVG). Die Unzulänglichkeit einer dahingehenden Vollstreckung erweist sich vollends an dem weitaus häufigeren Fall eines Rechtsstreits zwischen den Betriebspartnern. Der Arbeitgeber kann nicht gut in das ihm selbst zuzuordnende Unternehmensvermögen vollstrecken[9], so daß er seine Rechte von vornherein auf anderem Wege durchsetzen müßte. Das kann nicht der Sinn der gesetzlichen Regelung sein.

Da jedes andere Vorgehen zur Vollstreckung eines gegen den Betriebsrat verhängten Zwangsgelds oder Ordnunggelds sich als undurchführbar erwiesen hat, bleibt lediglich der Zugriff auf das Privatvermögen von (im einzelnen noch zu bestimmenden) Mitgliedern des Betriebsrats oder der Verzicht auf die Vollstreckung und damit auf das Zwangsmittel überhaupt. Eine Vollstreckung in das Privatvermögen der Mitglieder richtet sich insofern gegen den Betriebsrat, als sie einen Zwang auf die für ihn handelnden Personen bewirkt. In Übereinstimmung mit dem Zwangs- (bzw. Ordnungs-)Charakter der in §§ 888, 890 ZPO genannten Maßnahmen wird also Willensbeugung

---

[6] Vgl. oben § 4 I und II.
[7] Vgl. z. B. §§ 2 Abs. 1, 31, 43 Abs. 4, 46 Abs. 2, 53 Abs. 3 BetrVG.
[8] Näheres oben § 3 II.
[9] Vgl. auch oben § 2 III 1 mit den Angaben in Fußnote 33.

betrieben. Das mag ein Blick auf die zivilprozessuale Diskussion der Frage verdeutlichen, ob mit Zwangsgeld oder Ordnungsgeld gegen die juristische Person oder gegen deren Vorstand persönlich vorzugehen ist: Auch im letzteren Fall — ebenso übrigens bei der Vollstreckung von Zwangshaft und Ordnungshaft — entsteht für den Vollstreckungsschuldner ein Zwang zu titelgemäßem Verhalten, der demjenigen in der Zwangsvollstreckung gegen eine natürliche Person vergleichbar ist. Der hier vorgeschlagenen Lösung, wegen eines gegen den Betriebsrat verhängten Zwangsgelds oder Ordnungsgelds in das Privatvermögen eines oder mehrerer seiner Mitglieder zu vollstrecken, kann also nicht entgegengehalten werden, sie setze sich über die Wirkungsweise der Zwangsvollstreckung nach §§ 888, 890 ZPO hinweg.

Verglichen mit dem Verzicht auf die Anwendung von Zwangsgeld und Ordnungsgeld trifft eine Vollstreckung im dargelegten Sinne den Inhalt der Regelung des Arbeitsgerichtsgesetzes besser und steht den Leitprinzipien der Betriebsverfassung näher, ohne deswegen, wie noch zu zeigen ist, an unüberwindlichen zivilprozessualen Schwierigkeiten zu scheitern. Die Vorschrift des § 85 Abs. 1 ArbGG differenziert weder nach der Art der Vollstreckungsschuldner noch der zu ergreifenden Vollstreckungsmaßnahmen, sondern überträgt das Vollstreckungssystem der Zivilprozeßordnung im Ganzen auf die Betriebsverfassung und ihre Subjekte. Sie läßt keinen Grund dafür erkennen, daß bestimmte Vollstreckungsmittel gegenüber dem Betriebsrat und vergleichbaren Gremien im Gegensatz zu anderen Vollstreckungsschuldnern wie einzelnen Betriebsratsmitgliedern, Gewerkschaften, Arbeitgebervereinigungen, dem Arbeitgeber usw. schlechthin versagen müßten.

Eine nähere Betrachtung der rechtlichen Stellung der Betriebsratsmitglieder führt zum gleichen Ergebnis. Das Betriebsverfassungsrecht sichert zwar im Interesse einer unbeeinflußten Wahrnehmung ihrer Aufgaben ihre persönliche und sachliche Unabhängigkeit, indem es sie in bestimmter Weise privilegiert und im übrigen jede Benachteiligung (und Bevorzugung) wegen ihres Amtes untersagt[10], sie gerade auch mit finanziellen Belastungen weitgehend verschont[11]. Es schützt aber nicht vor nachteiligen Rechtsfolgen bei einer pflichtwidrigen Ausübung ihres Amtes. So hat es die zivilrechtliche Haftung der Betriebsratsmitglieder aus unerlaubter Handlung (§§ 823 Abs. 1 und 2, 826 BGB) nicht beseitigt[12] und ordnet die strafrechtliche Verantwortung eigens an (§ 120

---

[10] Vgl. §§ 37, 40, 41, 78, 78 a, 103 BetrVG, § 15 KSchG, § 29 a Heimarbeitsgesetz; ferner § 119 Abs. 1 Nr. 2, 3 BetrVG.
[11] Dazu ausführlich *Jahnke*, RdA 1975, 343 (349 f.) mit Angaben.
[12] Vgl. — mit Nachweisen — *Dietz / Richardi*, Vorbem. § 26 Anm. 8 ff.; *Fitting / Auffarth / Kaiser*, § 1 Anm. 37 ff.; *Galperin / Löwisch*, vor § 1 Anm. 96 ff.; *Kraft*, GK-BetrVG, § 1 Anm. 53.

I. Zwangsgeld und Ordnungsgeld

BetrVG). Nach § 23 Abs. 1 BetrVG können Betriebsratsmitglieder wegen grober Verletzung gesetzlicher Pflichten ihres Amtes enthoben werden. Bei einer Amtspflichtverletzung, die zugleich einen Verstoß gegen Arbeitsvertragspflichten darstellt und einen wichtigen Grund im Sinne der §§ 15 KSchG, 626 BGB, 64 SeemG abgibt, soll nach herrschender Auffassung der Arbeitgeber unter Beachtung des § 103 BetrVG zur außerordentlichen Kündigung berechtigt sein[13]. Zur Durchsetzung der betriebsverfassungsrechtlichen Pflichten einzelner Betriebsratsmitglieder findet schließlich die Zwangsvollstreckung statt (§ 85 Abs. 1 ArbGG); insoweit kommen die Vollstreckungsmaßnahmen der Zivilprozeßordnung einschließlich der Zwangs- und Ordnungsgelder nach §§ 888, 890 ZPO sämtlich zur Anwendung[14]. Das Betriebsverfassungsrecht kennt also durchaus rechtliche Folgen im Zusammenhang mit der — nicht ordnungsgemäßen — Ausübung von Betriebsratstätigkeit, die auf die persönliche Rechtsstellung der Mitglieder des Betriebsrats und insbesondere ihr Privatvermögen „durchschlagen". Von daher ist der Zugriff auf ihr Vermögen in der Zwangsvollstreckung gegen den Betriebsrat nach §§ 888, 890 ZPO zumindest nicht ungewöhnlich oder systemwidrig; er verträgt sich schon deswegen mit den Grundsätzen der Unentgeltlichkeit und des Ehrenamts (§§ 37 Abs. 1, 78 Satz 2 BetrVG), weil er — insoweit den aufgezählten Sanktionen vergleichbar — ein amtspflichtgemäßes Verhalten erzwingen soll. Auch die seit geraumer Zeit anhaltende Neigung, im Interesse eines größeren Handlungsspielraums und einer verantwortungsfreudigeren Amtsführung die mit einer pflichtwidrigen Amtsausübung verbundenen Nachteile zu begrenzen[15], steht dem nicht entgegen. Dabei geht es nämlich immer um die sachgerechte Beschränkung, nicht um die Abschaffung einer an sich eingreifenden Sanktion. Für die Zwangsvollstreckung gegen den Betriebsrat — ganz ebenso für die Zwangsvollstreckung gegen einzelne Betriebsratsmitglieder — folgen daraus möglicherweise schärfere Anforderungen im einzelnen, z. B. hinsichtlich des Verschuldenserfordernisses[16], keinesfalls aber die gänzliche Unzulässigkeit einer Anwendung von Zwangsgeld und Ordnungsgeld nach §§ 888, 890 ZPO.

---

[13] Vgl. dazu nur *Dietz / Richardi*, Anhang § 103 Anm. 6 ff.
[14] Vgl. die Angaben oben § 2 Fußnote 65.
[15] Vgl. etwa zur Ausdehnung des Begriffs der Erforderlichkeit nach §§ 37, 40 BetrVG zwecks Begründung weitergehender Ansprüche auf Lohnfortzahlung und Kostenerstattung *Dietz / Richardi*, § 37 Anm. 23 f., § 40 Anm. 6; *Wiese*, GK-BetrVG, § 37 Anm. 11, § 40 Anm. 5; *ders.*, BlStSozArbR 1974, 353 (356), jeweils mit Nachweisen; zur Begrenzung der Haftung *Weiss*, RdA 1974, 269 (274 ff.); zur Einschränkung des Rechts zur außerordentlichen Kündigung *Dietz / Richardi*, Anhang § 103 Anm. 9 f. mit weiteren Nachweisen.
[16] Vgl. dazu *Baumann*, S. 387, 391; *Blomeyer*, S. 445 f.; *W. Böhm*, S. 77, 81 ff.; *Rosenberg*, S. 1079, 1084 f.; *Stein / Jonas / Münzberg*, § 888 Anm. II 3, § 890 Anm. II 3 b.

Die vorgeschlagene Vollstreckungsmöglichkeit führt schließlich aus dem Dilemma der herrschenden Lehre[17], entweder den Betriebsobmann in der Zwangsvollstreckung anders behandeln zu müssen als ein mehrköpfiges Gremium oder aber ihn im Gegensatz zu anderen Betriebsratsmitgliedern von jeglicher Vollstreckung auszunehmen. Wenn im übrigen die Mitglieder des Betriebsrats wegen ihrer Amtspflichten der Vollstreckung ausgesetzt sind, kann für den Betriebsrat als Institution nicht gut anderes gelten.

Ein weiterer Gesichtspunkt kommt hinzu. In der Zwangsvollstreckung gegen den Betriebsrat zur Erwirkung einer unvertretbaren Handlung oder einer Unterlassung kann nicht die Anwendung von Zwangsgeld und Ordnungsgeld unzulässig, von Zwanghaft und Ordnungshaft dagegen zulässig sein. Die Vermögensunfähigkeit des Betriebsrats steht zwar der Vollziehung der Haft nicht entgegen, weil diese kein Vermögen des Vollstreckungsschuldners voraussetzt. Es ist aber mit den genannten Grundsätzen über die Rechtsstellung der Betriebsratsmitglieder nicht zu vereinbaren, daß sie insoweit dem einschneidenderen Zwangsmittel der Haft ausgesetzt sein sollen, weniger schwerwiegenden Geldleistungspflichten dagegen nicht, mit anderen Worten, daß die Möglichkeit der Geldzahlung entfällt und stets unvermittelt die Verhaftung droht[18]. Wenn Zwangs- und Ordnungsgeld nicht anwendbar sein sollten, müßten Zwangs- und Ordnungshaft erst recht ausgeschlossen sein[19]. Das gilt um so mehr, als ein entsprechendes Verhalten des Arbeitgebers mit beiden Vollstreckungsmitteln erzwungen werden kann. Mögen Überlegungen in Richtung auf eine Gleichbehandlung der Betriebspartner sonst auch fragwürdig sein[20], so liegt doch auf der Hand, daß in der Zwangsvollstreckung nicht gegen den Betriebsrat sogleich und ausschließlich mit Haft vorgegangen werden darf, während dem Arbeitgeber die Entrichtung eines Geldbetrags vorbehalten bleibt. Der Verzicht auf Zwangs- und Ordnungsgeld führte also zum völligen Ausschluß der Zwangsvollstreckung zur Erwirkung unvertretbarer Handlungen und Unterlassungen des Betriebsrats nach §§ 888, 890 ZPO[21]. Dieses Ergebnis stünde aber in krassem Widerspruch zu der Regelung des § 85 Abs. 1 ArbGG. Das Gesetz schafft

---

[17] Dazu oben § 2 II 4.

[18] Dieser Fall ist nicht zu verwechseln mit der Anwendung von Ersatz-(Zwangs- bzw. Ordnungs-)Haft als Folge bloßer Nichtbeitreibbarkeit des Zwangs- bzw. Ordnungsgelds: Selbst bei ausreichendem Vermögen der Betriebsratsmitglieder könnte hier ein Zwangs- oder Ordnungsgeld nicht verhängt werden.

[19] So im Ergebnis auch die herrschende Doktrin, vgl. oben § 2 II 3 mit Angaben in Fußnote 13.

[20] Vgl. aber die Amtliche Begründung zu § 23 Abs. 3 BetrVG, BT-Drucks. VI/1786, S. 39, sowie den Schriftlichen Bericht, zu BT-Drucks. VI/2729, S. 21.

[21] Dies verkennt *Rewolle*, BB 1974, 888 (889).

ausdrücklich und ohne Einschränkung die Möglichkeit der Zwangsvollstreckung in Betriebsverfassungssachen. Ihm kann nicht unterstellt werden, es habe sie Wortlaut und Sinn zuwider gerade in einem der Hauptanwendungsfälle generell ausschließen wollen, obwohl eine Vollstreckung theoretisch wie praktisch, wenn auch unter Modifizierung der zivilprozessualen Regeln durchführbar ist. Aus diesem Grund muß die Zwangsvollstreckung gegen den Betriebsrat in Form der Verhängung von Zwangs- und Ordnungsgeldern nach §§ 888, 890 ZPO und ihrer Beitreibung aus dem Privatvermögen der Mitglieder zulässig sein.

Der Umstand schließlich, daß das Betriebsverfassungsgesetz Verstöße ebenso, wenn auch in anderer Weise sanktioniert, steht der vorgeschlagenen Vollstreckungsmöglichkeit schon deswegen nicht entgegen[22], weil die rechtlichen Voraussetzungen und Folgen jeweils verschieden und nicht vergleichbar sind. Das gilt vor allem für die in § 23 Abs. 1 BetrVG vorgesehene Auflösung des Betriebsrats wegen grober Verletzung seiner gesetzlichen Pflichten[23]. Sie unterscheidet sich bereits in ihrem Anwendungsbereich ganz wesentlich von der Zwangsvollstreckung: Während letztere ebenso wie das Erkenntnisverfahren (vgl. § 2 Abs. 1 Nr. 4, § 10 ArbGG) zumindest theoretisch allen Subjekten der Betriebsverfassung offen steht, ist der Antrag nach § 23 Abs. 1 BetrVG einem bestimmten Quorum der Arbeitnehmer, dem Arbeitgeber und den im Betrieb vertretenen Gewerkschaften vorbehalten; er verfolgt nicht mehr nur die zwangsweise Durchsetzung von Einzelpflichten des Betriebsrats, sondern die summarische Beseitigung des Verpflichteten. Die Bedeutung der Zwangsvollstreckung liegt demnach vor allem im Vorfeld eines Auflösungsverfahrens. Dem Betriebsrat wird die Notwendigkeit amtspflichtgemäßen Verhaltens eindringlich vor Augen geführt, ohne daß es zu seiner Auflösung kommen muß, die auch für den Arbeitgeber sehr nachteilig sein kann und häufig wegen des Solidarisierungseffekts und der Möglichkeit der Wiederwahl nicht die erhoffte Wirkung zeigt[24].

2. Verfahrensrechtliche Absicherung
der vorgeschlagenen Vollstreckungsmöglichkeit

Die bisherigen Überlegungen zwingen dazu, die Zwangsvollstreckung gegen den Betriebsrat zur Erwirkung einer unvertretbaren Handlung oder Unterlassung mittels Zwangsgeld und Ordnungsgeld (§§ 888, 890 ZPO) zuzulassen; mangels eines Vermögens des Betriebsrats (Voll-

---

[22] So aber offenbar *Wichmann*, AuR 1974, 10 (15).
[23] Vgl. auch §§ 48, 56, 65 Abs. 1, 73 Abs. 2 BetrVG; ferner oben § 1 III.
[24] Vgl. auch W. *Böhm*, DB 1974, 723 (725).

streckungsschuldners) sind die Privatvermögen bestimmter seiner Mitglieder heranzuziehen. Die unterbreitete Lösung ist nunmehr an den Grundsätzen des Zivilprozeßrechts zu messen. Sie fügt sich dem Klagen- und Vollstreckungssystem des geltenden Rechts ohne weiteres ein, denn klagbare, gleichwohl im Vollstreckungswege nicht zu verwirklichende Rechte gelten als seltene Ausnahmen[25]. Sie gerät aber offenbar in Widerspruch zu der herrschenden zivilprozessualen Lehre, derzufolge wegen der Zwangs- und Ordnungsgelder nach §§ 888, 890 ZPO bei Personengesamtheiten allein in deren Vermögen und nicht in das der Organpersonen zu vollstrecken ist. Doch folgt daraus weder ihre Unrichtigkeit, noch sind deswegen die zivilprozessualen Grundsätze zur Zwangsvollstreckung gegen juristische Personen zu revidieren. Bei näherem Zusehen zeigt sich vielmehr, daß die zivilprozessuale Regel eine betriebsverfassungsrechtlich begründete Ausnahme zuläßt.

Die Modifizierung des Vollstreckungsganges in der Zwangsvollstreckung gegen den Betriebsrat findet bereits eine formale Legitimation im Wortlaut des § 85 Abs. 1 Satz 2 ArbGG: Im Gegensatz zu der Regelung des § 62 Abs. 2 ArbGG über die Zwangsvollstreckung aus arbeitsgerichtlichen Urteilen gelten für die Zwangsvollstreckung aus verurteilenden (Leistungs-)Beschlüssen die Vorschriften des Achten Buches der Zivilprozeßordnung lediglich „entsprechend". Die Anwendung des Vollstreckungsrechts der Zivilprozeßordnung muß also den Besonderheiten der Betriebsverfassung Rechnung tragen. Da das Zivilprozeßrecht vermögensunfähige Vollstreckungsschuldner nicht kennt, die aufgezeigte Vollstreckungsmöglichkeit aber in Übereinstimmung mit §§ 888, 890 ZPO ebenso einen (Beuge-)Zwang auf den Vollstreckungsschuldner (mittels Beugemaßnahmen gegen die für ihn handelnden natürlichen Personen) bewirkt, wird der Zugriff auf das Privatvermögen bestimmter Mitglieder in der Zwangsvollstreckung gegen den Betriebsrat durch § 85 Abs. 1 Satz 2 ArbGG gedeckt. Der tiefere Grund für die abweichenden Modalitäten der Vollstreckung liegt darin, daß es sich bei den „Angelegenheiten aus dem Betriebsverfassungsgesetz" (vgl. § 2 Abs. 1 Nr. 4 ArbGG) nicht um Rechtsstreitigkeiten zwischen selbständigen Rechtssubjekten handelt, sondern in der Regel um Auseinandersetzungen innerhalb eines einheitlich organisierten sozialen Gebildes. Letztlich geht es darum, hierfür angemes-

---

[25] Vgl. etwa § 888 Abs. 2 ZPO, ferner Ansprüche auf Leistung unvertretbarer, gleichwohl nur der Gattung nach bestimmter Sachen (arg. § 884 ZPO, vgl. RGZ 58, 160; *Blomeyer*, S. 423; *Stein / Jonas / Münzberg*, § 884 Anm. II), Ansprüche auf unvertretbare, nicht ausschließlich vom Willen des Schuldners abhängige Handlungen (vgl. § 888 Abs. 1 ZPO), bei denen also wissenschaftliche oder künstlerische Fähigkeiten oder die Mitwirkung Dritter erforderlich sind (vgl. *Blomeyer*, S. 450; *Stein / Jonas / Münzberg*, § 888 Anm. I 2 c), usw. Für die in diesen Fällen allein mögliche Klage auf das Interesse (§ 893 ZPO) ist im Betriebsverfassungsrecht kein Raum.

sene, in ihrer Funktionsweise am Zivilprozeßrecht ausgerichtete Vollstreckungsformen zu finden.

Die Zwangsvollstreckung nach §§ 888, 890 ZPO gegen dem Betriebsrat vergleichbare Vollstreckungsschuldner wie juristische Personen, andere parteifähige Vereinigungen oder Parteien kraft Amtes erfolgt wie gegen natürliche Personen mittels Zwangsgeld und Ordnungsgeld oder -haft. Allerdings wurde noch nicht völlige Einigkeit darüber erzielt, in wessen Vermögen und gegen wessen Person zu vollstrecken ist[26]. Steht im Vordergrund die Überlegung, daß auch die Zwangsvollstreckung zur Erwirkung unvertretbarer Handlungen und Unterlassungen sich gegen den Vollstreckungsschuldner richtet (vgl. § 750 ZPO), so sind Zwangsgeld und Ordnungsgeld aus dem Vermögen der juristischen Person beizutreiben; die Vollstreckung der Haft als eines die (natürliche) Person treffenden Übels scheidet aus. Betont man dagegen stärker den Beuge- (bzw. Ordnungs-)Charakter der Vollstreckungsmaßnahmen, so müssen diese ausschließlich die jeweils handelnden natürlichen Personen treffen, also die Mitglieder des Vereinsvorstands, den Konkursverwalter persönlich usw.; das gilt sowohl für die Haft wie für Zwangs- und Ordnungsgeld, die aus dem Privatvermögen dieser Personen beizutreiben sind. Die wohl bei weitem überwiegende Auffassung sucht eine vermittelnde Lösung, indem sie zwar von der erstgenannten Ansicht ausgeht, in Übereinstimmung mit der letzteren aber auch die Vollstreckung der Haft zuläßt.

In der Anwendung auf den Betriebsrat schließt die zunächst beschriebene Theorie die Zwangsvollstreckung nach § 888, 890 ZPO gänzlich aus. Da sie heute kaum mehr vertreten wird und jedenfalls im Ergebnis dem Gesetz (§ 85 Abs. 1 ArbGG) widerspricht, kann sie hier auf sich beruhen. Die zweite Auffassung führt demgegenüber zwanglos zu der vorgeschlagenen Vollstreckungsmöglichkeit. Dasselbe Ergebnis läßt sich indessen auch auf der Grundlage der herrschenden Lehre gewinnen. Zwangshaft und Ordnungshaft sind danach an den für den Vollstreckungsschuldner handelnden physischen Personen zu vollziehen, in der Zwangsvollstreckung gegen den Betriebsrat also an bestimmten seiner Mitglieder. Wegen eines Zwangsgelds oder Ordnungsgelds hingegen ist in das Vermögen des Vollstreckungsschuldners und nicht in dasjenige der für ihn handelnden natürlichen Personen zu vollstrecken. Dieser letztere Satz kann aber im betriebsverfassungsrechtlichen Verfahren deswegen nicht gelten, weil sich in der Zwangsvollstreckung gegen den Betriebsrat die Alternative in dieser Form gar nicht stellt. Die Frage lautet hier nicht, welches der mehreren in Betracht zu ziehenden Vermögen der Vollstreckung ausgesetzt sein

---

[26] Zum folgenden eingehend oben § 3 II, III.

soll, sondern ob eine Vollstreckung überhaupt möglich ist. Denn eine andere Vollstreckungsmöglichkeit als den Zugriff auf das Privatvermögen von Mitgliedern des Betriebsrats gibt es nicht, die Alternative ist der Verzicht auf das Zwangsmittel. Es handelt sich hier also um genau die Situation, der sich die herrschende Lehre bei der Vollstreckung der Haft gegenübersieht. Obwohl sie auch für die §§ 888, 890 ZPO — mit Recht — an dem Grundsatz festhält, daß aus einem Titel nur gegen den darin bezeichneten Schuldner vollstreckt werden darf, läßt sie in den genannten Fällen die Verhaftung von natürlichen, mit dem Vollstreckungsschuldner nicht identischen Personen zu[27]. Die dafür angeführten Gründe müssen auch hier den Ausschlag geben. Letzten Endes ist das die nüchterne Überlegung, daß eine Beschränkung der Vollstreckungsmöglichkeiten gegenüber den juristischen Personen nicht gerechtfertigt ist und die Haft sich anders eben nicht vollstrecken läßt[28]. Wie bereits mehrfach hervorgehoben, nimmt gerade die Zwangsvollstreckung zur Erwirkung unvertretbarer Handlungen und Unterlassungen im betriebsverfassungsrechtlichen Sanktionssystem eine wichtige Stellung ein. Da der Betriebsrat aus rechtlichen Gründen über kein Vermögen verfügt, es auch gar nicht kann, muß wegen eines gegen ihn verhängten Zwangsgelds oder Ordnungsgelds in das Privatvermögen der für ihn verantwortlich handelnden Betriebsratsmitglieder vollstreckt werden. Die Vollstreckung trifft somit diejenigen Personen, denen gegebenenfalls auch die Verhaftung droht[29].

Es ist allerdings nicht zu verkennen, daß die vorgeschlagene Lösung einen auf Zwangsmaßnahmen gegen die Person (Beugehaft) zugeschnittenen Gedankengang auf die Vermögensvollstreckung überträgt. Die Heranziehung schuldnerfremder Vermögen ist dem Zivilprozeßrecht indes nicht völlig unbekannt[30]. Wenngleich es sich dabei um gänzlich anders gelagerte und nicht vergleichbare Problemstellungen handelt, zeigt sich an ihnen doch, daß der Grundsatz der Beschränkung der Vollstreckung auf den Titelschuldner (§ 750 ZPO) auch in der Vermögensvollstreckung nicht ausnahmslos gilt. Entscheidend ist aber

---

[27] Ebenso in den Fällen der §§ 807, 883 i. V. m. §§ 901 ff. ZPO, vgl. die Angaben oben § 3 Fußnote 8.

[28] Vgl. oben § 3 III a. E.

[29] Entsprechendes gilt beispielsweise im Fall der Klage (und der Vollstreckung) des Aufsichtsrats einer Aktiengesellschaft gegen den Vorstand auf Erfüllung der Berichtspflicht nach § 90 AktG; allerdings sind dort die Mitglieder des Vorstands passiv legitimiert und Partei, weil die Zivilprozeßordnung den Insichprozeß grundsätzlich ausschließt und der Vorstand als solcher nicht rechts- und parteifähig ist (Ausnahme: § 245 Nr. 4 AktG); zum Ganzen eingehend H. Westermann, Festschrift für Bötticher, S. 369 (375 ff.). Vgl. ferner § 407 AktG, wonach das Registergericht auch wegen Pflichten des Vorstands gegen die Vorstandsmitglieder Zwangsgelder festsetzt.

[30] Vgl. dazu Blomeyer, S. 90 ff. mit Nachweisen.

wohl, daß in der Zwangsvollstreckung gegen den Betriebsrat nach §§ 888, 890 ZPO der Ausschluß von Zwangsgeld und Ordnungsgeld auch den Fortfall von Zwanghaft und Ordnungshaft bedingt, im Ergebnis also den Vollstreckungsgläubiger rechtlos stellt. Deshalb ist die Notwendigkeit einer Durchbrechung des genannten Grundsatzes im betriebsverfassungsrechtlichen Verfahren sogar größer als bei der Anwendung von Zwangshaft und Ordnungshaft gegenüber juristischen Personen, bleibt doch ihnen gegenüber die Vollstreckung von Zwangsgeld und Ordnungsgeld unbenommen.

3. Zusammenfassung, Durchführung der Vollstreckung im einzelnen

Das Vollstreckungsverfahren gegen den Betriebsrat nach §§ 888, 890 ZPO i. V. m. § 85 Abs. 1 ArbGG setzt wie jede Zwangsvollstreckung neben dem Erlaß eines Leistungsbeschlusses (§ 85 Abs. 1 Satz 1 ArbGG) die Erteilung der Vollstreckungsklausel (§§ 724, 725 ZPO) und die Zustellung des Titels (§ 750 ZPO) voraus. Es beginnt mit einem Antrag des Vollstreckungsgläubigers, d. h. desjenigen, „der die Erfüllung der Verpflichtung auf Grund des Beschlusses verlangen kann" (§ 85 Abs. 1 Satz 2 ArbGG). Der Antrag ist an das Arbeitsgericht (Prozeßgericht des ersten Rechtszuges, vgl. § 888 Abs. 1 Satz 1, § 890 Abs. 1 Satz 1 ZPO) zu richten[31]. Als Vollstreckungsgläubiger, in aller Regel zugleich Antragsteller im vorangegangenen Beschlußverfahren, kommen — theoretisch — sämtliche betrieblichen wie außerbetrieblichen Subjekte der Betriebsverfassung in Betracht (vgl. § 10 ArbGG). Irgendwelche Unterschiede im Gang der Vollstreckung ergeben sich dadurch nicht. Das Arbeitsgericht hat den Betriebsrat nach § 891 Satz 2 ZPO vor der Festsetzung eines Zwangs- oder Ordnungsmittels zu hören. Die Entscheidung ergeht durch Beschluß. Die Art des Mittels und die Festsetzung in bestimmter Höhe stehen im Ermessen des Gerichts, doch ist für den Fall der Nichtbeitreibbarkeit des Zwangsgelds bzw. Ordnungsgelds stets Ersatz-(Zwangs- bzw. Ordnungs-)Haft anzuordnen. Das Höchstmaß des einzelnen Zwangsgelds beträgt DM 50 000,—, dasjenige des Ordnungsgelds DM 500 000,— (§§ 888 Abs. 1 Satz 2, 890 Abs. 1 Satz 2 ZPO). Die Erhebung von Gerichtskosten ist nach § 12 Abs. 5 ArbGG auch im Vollstreckungsverfahren ausgeschlossen[32].

---

[31] Ausnahme: Im Fall des § 889 ZPO ist das Amtsgericht als Vollstreckungsgericht zuständig (§ 764 Abs. 1 ZPO); vgl. die Angaben unten § 6 Fußnote 14.

[32] a. M. *Tschischgale*, S. 63, 173 Fußnote 3. Indessen verweist § 85 Abs. 1 Satz 2 ArbGG lediglich auf das Achte Buch der ZPO; den Vorschriften des damit zugleich in Bezug genommenen Ersten Buches der ZPO gehen aber die sachnäheren, gleichermaßen auf die arbeitsgerichtlichen Erkenntnis- wie Vollstreckungsverfahren zugeschnittenen Bestimmungen im Ersten Teil des ArbGG vor. Wie hier im Ergebnis auch *Scholz*, S. 75 f.

Im Falle einer Verurteilung des Betriebsrats zur Zahlung eines Zwangsgelds oder Ordnungsgelds haften bestimmte Betriebsratsmitglieder mit ihrem Privatvermögen. Diese müssen ebenso wie bei der Verhängung von Haft in dem das Zwangsgeld oder Ordnungsgeld festsetzenden Beschluß genau bezeichnet werden; über die Person des oder der Betroffenen entscheidet das Arbeitsgericht. Es sind dies die Mitglieder, deren — dem Betriebsrat zuzurechnendes — Verhalten im konkreten Fall erzwungen werden soll. Anders als bei juristischen Personen, deren Organe zur Erfüllung sämtlicher zu vollstreckender Verpflichtungen berufen sind, bestimmen beim Betriebsrat jeweils die konkrete Pflicht und die (interne) Verteilung der Geschäfte, in wessen Macht es steht, mit Wirkung für das Gremium ein titelgemäßes Verhalten zu beobachten. Insbesondere ist der Vorsitzende des Betriebsrats (§ 26 BetrVG) nicht wie eine Organperson zur eigenen Willensbildung befugt, sondern vertritt den Betriebsrat lediglich „im Rahmen der von ihm gefaßten Beschlüsse"[33]. Da der Vollstreckungstitel jedenfalls im Grundsatz die Willensbildung des Betriebsrats nicht zu ersetzen vermag, ist der Vorsitzende nicht ohne weiteres immer Adressat eines gegen den Betriebsrat verhängten Zwangs- oder Ordnungsgelds[34].

Einige allgemeine Grundsätze lassen sich dennoch formulieren. So muß bei Verpflichtungen des Betriebsrats zu einem Unterlassen das Ordnungsgeld auf Antrag des Vollstreckungsgläubigers gegen diejenigen seiner Mitglieder festgesetzt und vollstreckt werden, deren Zuwiderhandeln ihm wie eigenes zugerechnet werden kann. Allerdings verletzt ein Betriebsratsbeschluß als bloß interner Akt der Willensbildung noch nicht die zu vollstreckende Verpflichtung, bindet die Betriebsratsmitglieder auch nicht[35]. Sofern das zu erzwingende Verhalten den laufenden Geschäften des Betriebsrats[36] zuzurechnen ist, richtet die Vollstreckung sich gegen die Mitglieder des Betriebsausschusses (vgl. § 27 Abs. 3 Satz 1 BetrVG), unter den Voraussetzungen des § 27 Abs. 4 BetrVG gegen den Vorsitzenden des Betriebsrats oder das andere mit der Führung der Geschäfte beauftragte Mitglied. Gleiches gilt für die Übertragung von Aufgaben zur selbständigen Erledi-

---

[33] Dazu nur *Dietz / Richardi*, § 26 Anm. 33; *Galperin / Löwisch*, § 26 Anm. 24 ff.; *Wiese*, GK-BetrVG, § 26 Anm. 28 ff.

[34] a. M. hinsichtlich der Vollstreckung von Zwangshaft und Ordnungshaft *Grunsky*, § 85 Anm. 5; *Schaub*, S. 424.

[35] Beispielsweise löst der Beschluß des Betriebsrats, eine bestimmte Partei im Wahlkampf zu unterstützen, auch bei Vorliegen eines ihm untersagenden (vgl. § 74 Abs. 2 Satz 3 BetrVG) Vollstreckungstitels noch keine vollstreckungsrechtlichen Sanktionen aus, sondern erst die Aufforderung des Betriebsratsvorsitzenden oder eines anderen vom Betriebsrat beauftragten Mitglieds in einer Betriebsversammlung, die besagte Partei zu wählen.

[36] Zum Begriff *Dietz / Richardi*, § 27 Anm. 34 ff.; *Wiese*, GK-BetrVG, § 27 Anm. 20 f.

gung (§ 27 Abs. 3 Satz 2, § 28 Abs. 1, 3 BetrVG). In den verbleibenden Fällen wird man danach unterscheiden müssen, ob der Vorsitzende (oder ein anderes Mitglied) eine Angelegenheit weitgehend selbständig erledigen kann und dies in der Praxis auch tut — z. B. Erteilung von Auskünften, Rechnungslegung, Beiziehung der Jugendvertretung (§ 68 BetrVG), Anfertigung von Sitzungniederschrift und Anwesenheitsliste (§ 34 Abs. 1 Satz 1 und 3 BetrVG), Einberufung von Betriebsversammlungen (§ 43 Abs. 1, vgl. auch § 43 Abs. 3, 4 BetrVG) — oder ob die Beteiligung des gesamten Betriebsrats unabweisbar ist[37]. Unter der erstgenannten Voraussetzung richtet sich die Vollstreckung auch dann gegen den Vorsitzenden, wenn formal ein Betriebsratsbeschluß erforderlich wäre; der Vollstreckungstitel verleiht ihm insoweit hinreichende Legitimation zum Handeln.

Gegen mehrere Verpflichtete muß je ein gesondertes Zwangsgeld bzw. Ordnungsgeld festgesetzt werden. Das Geld verfällt dem Justizfiskus. Das Zwangsgeld nach § 888 ZPO kann noch bis zur Vollziehung durch die Vornahme der Handlung abgewendet werden. Abschließend sei noch darauf hingewiesen, daß die betroffenen Betriebsratsmitglieder sich der Vollstreckung jederzeit durch die Niederlegung ihres Amtes (§ 24 Abs. 1 Nr. 2 BetrVG) entziehen können.

II. Zwangsvollstreckung wegen Geldforderungen (§§ 803 ff. ZPO) und zur Erwirkung vertretbarer Handlungen (§ 887 ZPO)

1. Forderungsvollstreckung

Die Zwangsvollstreckung wegen Geldforderungen erfolgt durch Pfändung und Verwertung von Vermögensgegenständen des Vollstreckungsschuldners[38]. Die Untersuchungen zur Existenz eines Betriebsratsvermögens haben ergeben, daß der Betriebsrat solche nicht hat, auch gar nicht Adressat von Geldforderungen sein kann. Der Betriebsrat ist ein vermögensunfähiges Subjekt der Betriebsverfassung; er kann sich weder durch Rechtsgeschäft zur Erbringung vermögenswerter Leistungen, insbesondere zur Zahlung von Geld verpflichten, noch kennt das geltende Recht dahingehende gesetzliche Verpflichtungen[39]. Die Zwangsvollstreckung nach §§ 803 ff. ZPO kann also schon aus materiell-rechtlichen Gründen nicht zum Zuge kommen.

---

[37] So z. B. bei der Weiterführung der Geschäfte (§ 22 BetrVG), der Entsendung von Mitgliedern in den Gesamtbetriebsrat (§ 47 Abs. 2 BetrVG) usw.
[38] Vgl. §§ 803, 814 ff., 835 ff., 866 ff. ZPO.
[39] Zu den Einzelheiten oben § 4 II und III.

2. Ermächtigung zur Vornahme der Handlung

In der Zwangsvollstreckung nach § 887 ZPO zur Erwirkung einer Handlung, deren Vornahme durch einen Dritten erfolgen kann, lassen sich zwei Abschnitte unterscheiden, von denen nur der eine das Vermögen des Vollstreckungsschuldners berührt: Der Vollstreckungsgläubiger ist auf Antrag zu ermächtigen, die Handlung vornehmen zu lassen; zudem kann er die Erstattung der dabei entstehenden Kosten verlangen und nach § 788 ZPO als Kosten der Zwangsvollstreckung beitreiben[40]. Beides gehört normalerweise zusammen. In der Zwangsvollstreckung gegen den Betriebsrat[41] steht ersteres ganz im Vordergrund. Der Vollstreckungsgläubiger erhält danach die Befugnis, selbst[42] oder mit Hilfe eines Dritten — notfalls unter Anwendung von Gewalt, § 892 ZPO[43] — anstelle des Betriebsrats die Handlung vorzunehmen und damit u. U. in die Kompetenz des Betriebsrats einzugreifen[44]. Während in der Vollstreckung nach §§ 888, 890 ZPO über mittelbare Sanktionen auf den Willen des Schuldners eingewirkt wird, um ihn zu einem titelgemäßen Verhalten zu bewegen, kann der Gläubiger hier unmittelbar die Erfüllung der Verpflichtung herbeiführen. Das setzt ein Vermögen des Vollstreckungsschuldners nicht voraus. Die Zwangsvollstreckung wegen derartiger Verpflichtungen des Betriebsrats ist also unabhängig von der Frage der Kostenerstattung insoweit möglich und vom Zivilprozeßrecht her unbedenklich, weil es dem Gläubiger ohnehin freisteht, den Ersatz der Kosten geltend zu machen; ein notwendiger Zusammenhang zwischen der Ersatzvornahme und der Beitreibung der Kosten besteht nicht. Die bloße Ermächtigung des Vollstreckungsgläubigers zur Vornahme der Handlung ist überdies sinnvoll, denn ihm wird auch ohne Kostenersatz an der Möglichkeit zur (gegebenenfalls gewaltsamen) Erfüllung der Verpflichtung oft gelegen sein.

3. Erstattung der Kosten

Nach § 887 Abs. 1 ZPO hat der Schuldner die Vornahme der Handlung zu dulden und die dadurch entstehenden Kosten zu tragen. Das

---

[40] Er kann die Kosten auch nach § 103 Abs. 2 ZPO festsetzen lassen, vgl. *Stein / Jonas / Münzberg*, § 887 Anm. III 3; *Wieczorek*, § 887 Anm. E I. Zum Anspruch auf Kostenvorschuß vgl. § 887 Abs. 2 ZPO.

[41] z. B. zwecks Entfernung von (unzulässigen) Anschlägen am Schwarzen Brett, Erteilung von Abschriften (vgl. § 34 Abs. 2 Satz 1 BetrVG) usw.

[42] *Baumann*, S. 385, 386; *Rosenberg*, S. 1078; *Stein / Jonas / Münzberg*, § 887 Anm. III 2.

[43] Zu den Kosten des Gerichtsvollziehers unten § 6 I 2 a. E.

[44] Der Vollstreckungsschuldner (Betriebsrat) hat die Vornahme der Handlung durch einen Dritten auch dann zu dulden, wenn sie in seinen Bereich eingreift, vgl. *Baumann*, S. 386; *Blomeyer*, S. 439 f.; *Stein / Jonas / Münzberg*, § 887 Anm. III 4.

II. Geldforderungen und Erwirkung vertretbarer Handlungen

gilt gemäß § 85 Abs. 1 ArbGG grundsätzlich ebenso für das Verfahren in betriebsverfassungsrechtlichen Angelegenheiten; insbesondere steht die auch insoweit anzuwendende Vorschrift des § 12 Abs. 5 ArbGG der Kostenerstattung nicht entgegen, weil sie nur die bei Gericht erwachsenden Gebühren und Auslagen erfaßt, es sich hier aber um außergerichtliche Kosten handelt. Das — vermögensunfähige — Gremium Betriebsrat kann aber unbeschadet seiner Rolle als Vollstreckungsschuldner nicht Schuldner der Erstattungsforderung sein. Aus der hier entwickelten Möglichkeit zur Vollstreckung eines gegen den Betriebsrat verhängten Zwangsgelds oder Ordnungsgelds nach §§ 888, 890 ZPO folgt nichts anderes, denn nicht der Betriebsrat schuldet die Erfüllung der (öffentlich-rechtlichen) Geldforderung des Justizfiskus, sondern die in dem Festsetzungsbeschluß bezeichneten Mitglieder. Es fragt sich also nur, ob die Kosten jemand anderem aufzuerlegen sind. In der Zwangsvollstreckung nach § 887 ZPO gegen juristische Personen haftet für die Kosten nach völlig unbestrittener Ansicht[45] allein deren Vermögen. Das Zivilprozeßrecht kennt insoweit keine der Regelung bei der Zwangshaft und Ordnungshaft nach §§ 888, 890 ZPO vergleichbare Durchbrechung des Grundsatzes, daß die Zwangsvollstreckung allein für und gegen die im Vollstreckungstitel bezeichneten Personen stattfindet (vgl. § 750 ZPO). Die gänzlich andere Funktionsweise der Vollstreckung nach § 887 ZPO — an die Stelle von Beugezwang tritt die unmittelbare Herbeiführung des geschuldeten Erfolgs unter Beitreibung der Kosten — verbietet die Übernahme der zur Vollstreckung von Zwangsgeld und Ordnungsgeld nach §§ 888, 890 ZPO angezogenen Überlegungen. Die Versagung der Kostenerstattung bedeutet endlich nicht den Ausschluß jeglicher Zwangsvollstreckung nach § 887 ZPO, sondern allenfalls deren Erschwerung, denn dem Vollstreckungsgläubiger steht die Vornahme der Handlung auf eigene Kosten frei; daneben kann gegebenenfalls nach materiell-rechtlichen Grundsätzen ein Kostenerstattungsanspruch gegeben sein. In der Zwangsvollstreckung gegen den Betriebsrat nach § 887 ZPO findet demzufolge eine (vollstreckungsrechtliche) Kostenerstattung nicht statt. Das Arbeitsgericht (Prozeßgericht des ersten Rechtszuges) hat auf Antrag ohne Ausspruch der Kostenfolge des § 887 Abs. 1 ZPO den Vollstreckungsgläubiger lediglich zu ermächtigen, die Handlung vornehmen zu lassen[46].

Dieses Ergebnis mag vielleicht überraschen, leuchtet bei stärker differenzierender Betrachtungsweise aber schnell ein. Die (vollstreckungsweise) Vornahme der Handlung wird in vielen Fällen überhaupt keine Kosten verursachen[47], zumindest aber keine zusätzlichen Kosten

---

[45] Vgl. die Angaben oben § 3 Fußnote 5.
[46] Zu weiteren Einzelheiten des Verfahrens oben I 3.
[47] z. B. die Entfernung eines (unzulässigen) Anschlags am Schwarzen Brett.

infolge der Vornahme durch den Vollstreckungsgläubiger oder den von ihm beauftragten Dritten. Nach § 40 Abs. 1 BetrVG trägt der Arbeitgeber die Kosten der Betriebsratstätigkeit und müßte sich als Vollstreckungsgläubiger dies nach Treu und Glauben (§ 242 BGB) entgegenhalten lassen. Übersteigen dagegen die Kosten der Ersatzvornahme das Maß des Erforderlichen im Sinne des § 40 Abs. 1 BetrVG, so fallen sie nach allgemeinen Grundsätzen den dafür verantwortlichen Betriebsratsmitgliedern zur Last; die Entscheidung darüber darf aber im Verfahren gegen den Betriebsrat nicht getroffen werden. Die anderen betriebsverfassungsrechtlichen Gremien[48] können zwar die Zwangsvollstreckung gegen den Betriebsrat betreiben, mangels Vermögensfähigkeit aber ebensowenig wie dieser Gläubiger der Erstattungsforderung sein. Da der Arbeitgeber auch die Kosten für die Tätigkeit dieser Gremien trägt[49], käme nur eine Erstattung zu seinen Gunsten in Betracht. Die Vollstreckung für einen anderen als den im Titel bezeichneten Vollstreckungsgläubiger ist aber ausgeschlossen (§ 750 ZPO). Dritten gegenüber schließlich repräsentiert der Betriebsrat das Unternehmen als dessen integrierender Bestandteil[50], im betriebsverfassungsrechtlichen Verfahren handelt es sich jedoch um verschiedene (Prozeß-)Subjekte. Schon deswegen können außerbetriebliche Vollstreckungsgläubiger die ihnen in der Zwangsvollstreckung gegen den Betriebsrat nach § 887 ZPO erwachsenen Kosten nicht unmittelbar gegen den Arbeitgeber beitreiben. Wollte man den prozessualen Kostenersatz in der Zwangsvollstreckung gegen den Betriebsrat zulassen, wäre also aus betriebsverfassungsrechtlichen Gründen eine in der Praxis kaum durchführbare Differenzierung je nach Umfang der Kosten und Art des Vollstreckungsgläubigers unumgänglich. Auch unter diesem Aspekt verbietet sich die Erstattung der Kosten.

---

[48] Gesamtbetriebsrat, Konzernbetriebsrat, Jugendvertretung, Gesamtjugendvertretung, Wahlvorstand, Einigungsstelle usw.
[49] Vgl. §§ 20 Abs. 3 Satz 1, 51 Abs. 1 Satz 1, 59 Abs. 1, 65 Abs. 1, 73 Abs. 2 BetrVG.
[50] Dazu oben § 4 I.

§ 6 Vermögensunabhängige Zwangsvollstreckung gegen den Betriebsrat

Im Bereich der Vollstreckungsarten, die ein Vermögen des Vollstreckungsschuldners voraussetzen, bedingt das Fehlen eines Betriebsratsvermögens zwangsläufig einige Modifikationen im Gang der Vollstreckung, doch bleibt die spezifische Wirkungsweise der einzelnen Vollstreckungsmaßnahmen davon unberührt. Es ist nicht ausgeschlossen, daß auch in der vermögensunabhängigen Zwangsvollstreckung gegen den Betriebsrat sich dessen Unfähigkeit, Rechte und Pflichten vermögensrechtlichen Inhalts zu haben, oder andere Besonderheiten der Betriebsverfassung auswirken.

I. Erwirkung der Herausgabe von Sachen (§§ 883 ff. ZPO)

1. *Sachenrechtliche Befugnis des Betriebsrats*

Ähnlich der Zwangsvollstreckung zur Erwirkung vertretbarer Handlungen nach § 887 ZPO führt auch die Vollstreckung von Herausgabeansprüchen unmittelbar zur Erfüllung der Verpflichtung. Der Gerichtsvollzieher hat die herauszugebende — bewegliche — Sache dem Betriebsrat (Vollstreckungsschuldner) wegzunehmen bzw. — bei unbeweglichen Sachen (Räumen) — ihn aus dem Besitz zu setzen und sie dem Vollstreckungsgläubiger zu übergeben (§§ 883 Abs. 1, 885 Abs. 1 ZPO, § 85 Abs. 1 ArbGG). Die Vollstreckung setzt lediglich den unmittelbaren Besitz, d. h. die tatsächliche Herrschaft des Verpflichteten über die betreffende Sache voraus[1]. Der Betriebsrat als solcher hat freilich niemals die tatsächliche Sachherrschaft inne, doch könnte ihm wie einer juristischen Person die Ausübung der Sachherrschaft durch die dazu berufenen Betriebsratsmitglieder wie eigener unmittelbarer Besitz zugerechnet werden. Indessen verträgt sich die Annahme, der Betriebsrat sei im Sinne der §§ 854 ff. BGB Besitzer der Betriebsratsakten und sonstigen Unterlagen, der von ihm benutzten Sachmittel, Räume usw.[2], nicht mit dem Grundsatz seiner Vermögensunfähigkeit. Das Bürger-

---

[1] „Gewahrsam" in §§ 808 f., 886 ZPO meint — abgesehen vom Fall des § 857 BGB (str.) — unmittelbaren Besitz im Sinne der §§ 854 ff. BGB, vgl. *Blomeyer*, S. 189 f.; *Schönke / Baur*, S. 122; *Stein / Jonas / Münzberg*, § 808 Anm. II, § 883 Anm. II; *Wieczorek*, § 808 Anm. B I, § 883 Anm. B I.

[2] So die ganz h. M., vgl. die Angaben oben § 2 Fußnote 29.

liche Gesetzbuch zählt zwar den Besitz nicht zu den dinglichen Rechten, im Ergebnis wird er aber wie ein solches behandelt[3], so daß seine Zuordnung an das Gremium Betriebsrat ausgeschlossen ist. Wenn die dem Betriebsrat überlassenen Sachen das rechtliche Schicksal der sonstigen Betriebsmittel teilen[4], muß das auch hinsichtlich des Besitzes gelten; der Betriebsinhaber (Arbeitgeber) ist nicht nur ihr Eigentümer, sondern auch ihr (unmittelbarer) Besitzer. Ganz entsprechend stehen dem Betriebsrat die Besitzschutzansprüche der §§ 861 ff. BGB jedenfalls dann nicht zu, wenn ein außerhalb der Betriebsverfassung stehender Dritter verbotene Eigenmacht begeht[5]. Die Rechtsverfolgung gegenüber Dritten obliegt allein dem Arbeitgeber. Dieser hat von Betriebsverfassungs wegen für die Wiederherbeischaffung zu sorgen oder — bei Austauschbarkeit — dem Betriebsrat eine andere Sache zur Verfügung zu stellen (§ 40 Abs. 2 BetrVG)[6].

Es wäre allerdings voreilig, daraus den Schluß zu ziehen, der Betriebsrat könne in der Herausgabevollstreckung mangels unmittelbaren Besitzes nicht Vollstreckungsschuldner sein. Der Betriebsrat ist zwar nicht Besitzer, ebensowenig aber bloßer Besitzdiener im Sinne des § 855 BGB, weil er, obschon in die Organisation des Unternehmens eingegliedert, nicht „den sich auf die Sache beziehenden Weisungen" des Arbeitgebers Folge zu leisten hat. Mit Rücksicht auf die dem Betriebsrat zugedachte Funktion, die Interessen der betriebszugehörigen Arbeitnehmer gegenüber dem Arbeitgeber zu vertreten, muß neben seiner persönlichen Unabhängigkeit auch sichergestellt sein, daß er weitgehend eigenverantwortlich die ihm zur Verfügung stehenden sachlichen Mittel einsetzen kann. Das Betriebsverfassungsrecht schränkt deshalb die besitzrechtlichen Befugnisse des Arbeitgebers ebenso wie sein Eigentum zugunsten des Betriebsrats soweit ein, wie dies zur ordnungsgemäßen Durchführung der Aufgaben des Betriebsrats erforderlich ist. Der Arbeitgeber verfügt dem Betriebsrat gegenüber also gerade nicht über die Gewaltrechte, die das Gesetz ihm einem Besitzdiener gegenüber gewährt[7].

---

[3] Vgl. nur *Baur*, S. 73; *Westermann*, S. 55; ferner — mit umfassenden Nachweisen — *Staudinger / Seufert*, Vorbem. § 854 Anm. 10.

[4] Oben § 4 II zu Fußnoten 58 ff.

[5] z. B. im Fall eines Einbruchs oder einer widerrechtlichen Besetzung der Räume des Betriebsrats. Dem Betriebsrat fehlt überdies die zur Geltendmachung dahingehender Ansprüche erforderliche zivilprozessuale Parteifähigkeit (§ 50 Abs. 1 ZPO); das arbeitsgerichtliche Beschlußverfahren ist aber ob des rein zufälligen Zusammenhangs nicht eröffnet — allein der Umstand, daß die Besitzentziehung oder -störung Sachen des Betriebsrats betraf, macht sie noch nicht zu einer „Angelegenheit aus dem Betriebsverfassungsgesetz" im Sinne des § 2 Abs. 1 Nr. 4 ArbGG.

[6] Unklar *W. Böhm*, RdA 1974, 88 (91 f.), der zwar dem Betriebsrat (unmittelbaren) Besitz einräumt, andererseits (S. 90, 92) aber ausschließlich auf die possessorischen Ansprüche des Arbeitgebers abhebt.

I. Herausgabe von Sachen

Die Rechtsstellung des Betriebsrats in bezug auf die fraglichen Sachen läßt sich somit als eine dem Besitz vergleichbare, doch schwächere rein betriebsverfassungsrechtliche (Innen-)Kompetenz beschreiben. Im Verhältnis zum Arbeitgeber ist der Betriebsrat wie ein unmittelbarer Besitzer zu behandeln, d. h. der Arbeitgeber — und erst recht die anderen Subjekte der Betriebsverfassung — sind auf die Mitwirkung der staatlichen Gerichts- und Vollstreckungsorganisation angewiesen, wenn sie von dem Betriebsrat die Herausgabe einer Sache erzwingen wollen. Zwischen ihnen findet ein Besitzschutz nach §§ 861 ff. BGB statt, auch darf der Betriebsrat sich in entsprechender Anwendung des § 859 BGB einer etwaigen „Selbsthilfe" mit Gewalt erwehren. Dagegen erinnert die besitzrechtliche Stellung des Betriebsrats im Verhältnis zu Außenstehenden, denen keinerlei betriebsverfassungsrechtliche Position zukommt, eher an diejenige einer Organperson[8], einer Partei kraft Amtes oder auch eines Besitzdieners, dem lediglich die Rechte aus § 860 BGB zustehen; die tatsächliche Sachherrschaft des Betriebsrats muß insoweit dem Arbeitgeber zugerechnet werden.

Die Zwangsvollstreckung gegen den Betriebsrat nach § 85 Abs. 1 ArbGG i. V. m. §§ 883 ff. ZPO findet demzufolge statt, wenn dieser nach Betriebsverfassungsrecht zur Herausgabe einer Sache verpflichtet ist. Anknüpfungspunkt für die Vollstreckungsmaßnahmen ist seine betriebsverfassungsrechtliche Befugnis zur Ausübung der tatsächlichen Gewalt über die Sache. Die Vollstreckung richtet sich somit gegen den Betriebsrat als den alleinigen Vollstreckungsschuldner. Demgegenüber muß ein außenstehender Dritter im Wege des Zivilprozesses gegen den Arbeitgeber vorgehen, wenn er aufgrund von Rechtsbeziehungen außerhalb des Betriebsverfassungsrechts die Herausgabe einer beim Betriebsrat befindlichen Sache verlangt[9]. Eines besonderen Titels gegen den Betriebsrat oder dessen Mitglieder bedarf es in diesen Fällen nicht, denn der Betriebsrat ist Außenstehenden gegenüber kraft Besitzes weder aktiv noch passiv legitimiert, also kein „Dritter" im Sinne der §§ 809, 886 ZPO. Der Gläubiger muß nicht auf die innerbetriebliche Organisation des Schuldners (Arbeitgebers) Rücksicht nehmen. Will allerdings der Arbeitgeber seiner Herausgabepflicht nachkommen, muß

---

[7] Ein Besitzdiener begeht schon dann verbotene Eigenmacht (§ 858 BGB), wenn er einer durch das Unterordnungsverhältnis gedeckten, sich auf die Sache beziehenden Weisung nicht nachkommt. Der Besitzherr darf also solche Weisungen ohne Inanspruchnahme der staatlichen Gerichte durchsetzen; vgl. dazu *Pawlowski*, S. 153 Fußnote 29, 156 f.

[8] Dazu die Angaben oben § 3 Fußnote 7.

[9] Beispiele: Herausgabe einer dem Betriebsrat nach § 40 Abs. 2 BetrVG zur Verfügung gestellten Büromaschine aufgrund Eigentumsvorbehalts oder Räumung des Betriebsgeländes wegen Verkaufs; dies gilt auch für die Pfändung von Sachen des Betriebsrats (einschließlich Bargeld) im Zuge der Forderungsvollstreckung gegen den Arbeitgeber nach §§ 803 ff. ZPO.

er im arbeitsgerichtlichen Verfahren gegen den Betriebsrat vorgehen, wenn dieser die Herausgabe verweigert. Der Gläubiger (bzw. sein Gerichtsvollzieher) erlangt demnach aufgrund des Titels weitergehende Befugnisse, als sie dem Arbeitgeber (Vollstreckungsschuldner) zustehen, doch ist das die notwendige Folge der betriebsverfassungsrechtlich bedingten internen Aufspaltung der besitzrechtlichen Befugnisse; überdies kann der Gläubiger gegen den Betriebsrat weder im Zivilprozeß (mangels Parteifähigkeit des letzteren) noch im Beschlußverfahren (mangels Zuständigkeit des Arbeitsgerichts) einen Titel erwirken.

2. *Durchführung der Vollstreckung*

Die Zwangsvollstreckung zur Erwirkung der Herausgabe von Sachen fällt in die Zuständigkeit des Gerichtsvollziehers. Der Gerichtsvollzieher hat unter Beachtung der §§ 758 ff. ZPO die herauszugebende (bewegliche) Sache beim Betriebsrat aufzusuchen und — sofern er sie findet — dem Betriebsrat wegzunehmen und dem Vollstreckungsgläubiger zu übergeben (§ 883 Abs. 1 ZPO)[10]. Im Fall der Räumung (§ 885 ZPO)[11] muß er den Betriebsrat aus dem Besitz setzen, d. h. die Mitglieder des Betriebsrats gegebenenfalls unter Anwendung unmittelbaren Zwangs aus den Räumen entfernen und den Vollstreckungsgläubiger in den Besitz einweisen. Die Betriebsratszwecken dienenden Dinge, die nicht der Herausgabepflicht unterliegen (z. B. Akten und sonstige Unterlagen, Fachliteratur usw.), sowie etwaige persönliche Habe von Betriebsratsmitgliedern sind wegzuschaffen und dem Betriebsrat bzw. den Mitgliedern zu übergeben[12]. Der Gerichtsvollzieher darf aufgrund des gegen das Gremium Betriebsrat ergangenen Titels gegen dessen Mitglieder wie gegen Organpersonen Gewalt üben, weil diese die dem Betriebsrat zuzurechnende tatsächliche Sachherrschaft innehaben; eines besonderen Titels gegen die Mitglieder bedarf es nicht[13]. Befindet sich die herauszugebende Sache dagegen in der tatsächlichen Gewalt eines anderen, nicht herausgabebereiten (arg. § 809 ZPO) Subjekts der Betriebsverfassung, so muß nach § 886 ZPO der

---

[10] Beispielsweise an den Arbeitgeber, den Gesamtbetriebsrat, die Jugendvertretung (vgl. § 70 Abs. 2 BetrVG), einzelne Betriebsratsmitglieder (vgl. § 34 Abs. 3 BetrVG) usw. herauszugebende oder vorzulegende Unterlagen, aber auch Bargeld, das dem Arbeitgeber zurückzugeben ist, usw.
[11] Vgl. etwa den der Entscheidung *LAG Düsseldorf*, SAE 1955, 147, zugrundeliegenden und von *W. Böhm*, RdA 1974, 88 (92 f.), aufgegriffenen Fall einer Neuverteilung der Büroräume einschließlich derjenigen des Betriebsrats im Zuge einer Reorganisation des Unternehmens.
[12] Entgegen § 885 Abs. 3 und 4 ZPO sind die Akten gegebenenfalls dem Arbeitgeber zur — verschlossenen — Aufbewahrung zu übergeben; vgl. dazu *Wiese*, GK-BetrVG, § 40 Anm. 31.
[13] Vgl. dazu die Angaben oben § 3 Fußnote 7.

Vollstreckungsgläubiger den Rückgabeanspruch des Betriebsrats wie eine Geldforderung pfänden und sich (zur Einziehung) überweisen lassen (vgl. §§ 829, 835 ZPO). Den Pfändungs- und Überweisungsbeschluß erläßt das örtlich zuständige (§ 828 Abs. 2 ZPO, § 82 Satz 1 ArbGG) Amtsgericht als Vollstreckungsgericht, § 764 Abs. 1 ZPO[14].

Das Vollstreckungsverfahren in Betriebsverfassungssachen ist ebenso wie das Erkenntnisverfahren (Beschlußverfahren) nach § 12 Abs. 5 ArbGG kostenfrei[15], doch gilt das nicht für die Gebühren und Auslagen des Gerichtsvollziehers[16]. Dem Gerichtsvollzieher haftet nach § 3 Abs. 1 Nr. 2 GVKostG als Kostenschuldner für die notwendigen Kosten der Zwangsvollstreckung auch der Vollstreckungsschuldner; diese Kosten sind zudem nach § 788 ZPO, § 85 Abs. 1 ArbGG dem Vollstreckungsgläubiger gegebenenfalls zu erstatten. Das vermögensunfähige Gremium Betriebsrat kann zwar Vollstreckungsschuldner, aber weder Kostenschuldner noch Schuldner der Erstattungsforderung des Gläubigers sein. Aus diesem Grund kann der Gerichtsvollzieher in der Zwangsvollstreckung gegen den Betriebsrat seine Kosten nur gegenüber dem Vollstreckungsgläubiger (Auftraggeber, § 3 Abs. 1 Nr. 1 GVKostG) erheben und findet eine Kostenerstattung zugunsten des Vollstreckungsgläubigers nicht statt. Ein Regreß des Gläubigers nach materiell-rechtlichen Grundsätzen ist hierdurch aber nicht ausgeschlossen[17].

3. Eidesstattliche Versicherung und Haft nach §§ 883 Abs. 2, 899 ff. ZPO

Die Vollstreckung zwecks Herausgabe einer beweglichen Sache führt dann nicht zum Ziel, wenn der Gerichtsvollzieher die Sache beim Schuldner nicht vorfindet und der Gläubiger auch nicht weiß, wo sie sich befindet. Um den Herausgabeanspruch möglicherweise doch noch zu realisieren, gewährt § 883 Abs. 2 ZPO dem Gläubiger das Recht, die Abgabe einer eidesstattlichen Versicherung des Schuldners über den Verbleib der Sache zu verlangen. Die eidesstattliche Versicherung ist in Person zu leisten (§§ 478, 883 Abs. 4 ZPO), ihre Abgabe kann nach § 901 ZPO allein im Wege der Haft erzwungen werden. Die Erklärungspflicht und die Anordnung der Haft treffen bei juristischen Personen

---

[14] Vgl. *Dersch / Volkmar*, § 85 Anm. 4; *Dietz / Nikisch*, § 85 Anm. 36; *Dütz*, AuR 1973, 353 (356); *Maus*, ArbGG, § 85 Anm. 24; *Meissinger / Neumann*, § 85 Anm. 4; *Schneider*, AR-Blattei D, Arbeitsgerichtsbarkeit XII, K 4; *Stein / Jonas / Münzberg*, vor § 704 Anm. XII, § 764 Anm. I 2.

[15] Oben § 5 I 3 mit Fußnote 32; so auch im Verfahren vor dem Amtsgericht als Vollstreckungsgericht.

[16] Vgl. §§ 1, 8 Abs. 2 Satz 2 GVKostG, §§ 9 Abs. 3, 12 Abs. 5 ArbGG. Ebenso *Grunsky*, § 9 Anm. 18; *Tschischgale*, S. 172 f.; *ders.*, DGVZ 1953, 185.

[17] Zu weiteren Einzelheiten des Verfahrens oben § 5 I 3.

die Organmitglieder[18]. Entsprechendes muß in der Zwangsvollstreckung gegen den Betriebsrat gelten, d. h. es sind diejenigen Mitglieder des Betriebsrats zur Abgabe der eidesstattlichen Versicherung verpflichtet und gegebenenfalls zu verhaften, deren Erklärung im konkreten Fall dem Betriebsrat zugerechnet werden kann. Die dazu für die Festsetzung und Vollstreckung von Zwangsgeld und Ordnungsgeld nach §§ 888, 890 ZPO herausgestellten Grundsätze[19] lassen sich ohne weiteres übertragen. In erster Linie ist damit die interne Geschäftsverteilung des Betriebsrats in Bezug genommen. Bei mehreren Erklärungspflichtigen hat das Gericht in entsprechender Anwendung der §§ 455 Abs. 1 Satz 2, 449 ZPO darüber zu entscheiden, wer von ihnen über den Verbleib der Sache Auskunft zu geben hat[20]. Die Abnahme der eidesstattlichen Versicherung und die Anordnung der Haft fallen in die Zuständigkeit des Amtsgerichts als Vollstreckungsgerichts[21]; örtlich zuständig ist das Amtsgericht, in dessen Bezirk der Betrieb liegt (§ 899 ZPO, § 82 Satz 1 ArbGG)[22].

II. Zwangshaft und Ordnungshaft zur Erwirkung unvertretbarer Handlungen und Unterlassungen (§§ 888, 890 ZPO)

Die Zivilprozeßordnung unterscheidet das selbständige Zwangsmittel bzw. Ordnungsmittel der Haft und die lediglich ersatzweise Anordnung von Zwangshaft und Ordnungshaft für den Fall der Nichtbeitreibbarkeit eines Zwangsgelds oder Ordnungsgelds (§ 888 Abs. 1 Satz 1, § 890 Abs. 1 Satz 1 ZPO). Letztere kann nur zum Zuge kommen, wenn die Verhängung von Zwangsgeld und Ordnungsgeld überhaupt möglich ist. Die selbständige Verurteilung des Vollstreckungsschuldners zu Zwangshaft und Ordnungshaft setzt hingegen ein sachliches Vollstreckungssubstrat nicht voraus. Die Verhaftung des Schuldners oder — bei juristischen Personen und sonstigen parteifähigen Personengesamtheiten — der für ihn verantwortlich handelnden physischen Personen kann insoweit ohne Rücksicht auf die Frage eines Schuldnervermögens erfolgen. Der Mangel eines Betriebsratsvermögens hindert demnach die Verhängung und Vollstreckung von Zwangshaft und Ordnungshaft nicht. Aus spezifisch betriebsverfassungsrechtlichen Gründen[23] hätte allerdings im Fall des Ausschlusses von Zwangsgeld und

---

[18] Vgl. die Angaben oben § 3 Fußnote 8.
[19] Oben § 5 I 3.
[20] Vgl. *Baumann*, S. 278 Fußnote 5; *Stein / Jonas / Münzberg*, § 807 Anm. IV; weitergehend *Wieczorek*, § 807 Anm. B I b 1.
[21] §§ 764 Abs. 1, 899 ff. ZPO; vgl. die Angaben oben Fußnote 14.
[22] Maßgebend ist der Wohnsitz usw. des Vollstreckungsschuldners, nicht der erklärungspflichtigen Person; vgl. *Stein / Jonas / Münzberg*, § 899 Anm. I.

Ordnungsgeld auch die (selbständige) Festsetzung von Zwangshaft und Ordnungshaft zu unterbleiben, doch hat die vorliegende Untersuchung gerade den Nachweis für die Anwendbarkeit des ersteren erbracht. In der Zwangsvollstreckung gegen den Betriebsrat findet deshalb auch die Verurteilung zu Zwangshaft und Ordnungshaft nach §§ 888, 890 ZPO ohne jede Einschränkung statt.

Das Arbeitsgericht (Prozeßgericht des ersten Rechtszuges, § 888 Abs. 1 Satz 1, § 890 Abs. 1 Satz 1 ZPO)[24] setzt die Zwangshaft oder Ordnungshaft in bestimmter Höhe fest. Das Höchstmaß der Zwangshaft beträgt sechs Monate (§§ 888 Abs. 1 Satz 3, 913 ZPO), dasjenige der Ordnungshaft bei jeder einzelnen Zuwiderhandlung sechs Monate und insgesamt zwei Jahre (§ 890 Abs. 1 Satz 1, 2 ZPO). In dem Beschluß sind die zu verhaftenden Betriebsratsmitglieder[25] genau zu bezeichnen. Die Vollstreckung der Haft erfolgt nach §§ 904 ff. ZPO[26], §§ 171 ff. Strafvollzugsgesetz[27].

III. Abgabe einer Willenserklärung (§ 894 ZPO)

In der Zwangsvollstreckung zur Erwirkung der Abgabe einer Willenserklärung verzichtet das Gesetz auf jegliche Zwangsmaßnahmen, indem es die abzugebende Erklärung mit Rechtskraft des Urteils, im betriebsverfassungsrechtlichen Verfahren mit Rechtskraft des verurteilenden Beschlusses fingiert. Ungeachtet dieser Wirkung handelt es sich in einem weiteren Sinne um vollstreckbare und nicht um rechtsgestaltende Entscheidungen[28]. Da die besonderen Verhältnisse des Vollstreckungsschuldners dabei gänzlich gleichgültig sind, wirft diese Art der „Vollstreckung" von Pflichten des Betriebsrats[29] keine eigenen Probleme auf.

---

[23] Dazu oben § 5 I 1.
[24] Anders § 889 ZPO: Zuständig ist das Amtsgericht als Vollstreckungsgericht (§ 764 Abs. 1 ZPO); vgl. die Angaben oben Fußnote 14.
[25] Dazu und zu weiteren Einzelheiten des Verfahrens oben § 5 I 3.
[26] Vgl. § 888 Abs. 1 Satz 3 ZPO. Für die Ordnungshaft nach § 890 ZPO hat ungeachtet ihres „Rechtscharakters" dasselbe zu gelten, vgl. W. Böhm, S. 87 f., mit Nachweisen zur — ganz herrschenden — Gegenmeinung.
[27] Die Vorschriften des Strafvollzugsgesetzes treten nach § 198 Abs. 1 am 1. Januar 1977 in Kraft.
[28] Vgl. nur Blomeyer, S. 429; Stein / Jonas / Münzberg, § 894 Anm. I.
[29] Vgl. etwa §§ 99 Abs. 4, 103 Abs. 2 BetrVG.

§ 7 Zwangsvollstreckung gegen andere Subjekte der Betriebsverfassung

Die bisherige Untersuchung hat gezeigt, daß entsprechend der Anordnung des Gesetzes in § 85 Abs. 1 ArbGG eine Zwangsvollstreckung gegen den Betriebsrat in allen wesentlichen Punkten durchführbar ist. Seine Vermögenslosigkeit bedingt einige wenige Abweichungen im Vergleich zur zivilprozessualen Vollstreckung gegen parteifähige Personengesamtheiten, die aber bereits im Zivilprozeßrecht selbst angelegt sind. Abschließend sind die systematischen Implikationen der vorgeschlagenen Vollstreckungsmöglichkeit zu überprüfen. Demgemäß ist zu fragen, ob und inwieweit die gewonnenen Erkenntnisse sich auf die Zwangsvollstreckung gegen andere Subjekte der Betriebsverfassung ausdehnen lassen.

I. Arbeitgeber

1. Betriebsverfassungsrechtlicher Begriff

Eine Aussage darüber, gegen wessen Person und Vermögen die Zwangsmaßnahmen im Fall einer Vollstreckung gegen „den Arbeitgeber" gerichtet sind, läßt sich erst machen, wenn feststeht, was das Betriebsverfassungsgesetz darunter versteht. Denn die Partei des arbeitsgerichtlichen Erkenntnis- und Vollstreckungsverfahrens ist identisch mit dem betriebsverfassungsrechtlichen Subjekt. Arbeitgeber im Sinne des Betriebsverfassungsrechts ist nach ganz überwiegender Auffassung der Betriebsinhaber (Unternehmer)[1]. Das gilt ohne Rücksicht auf die Rechtsform des Unternehmens, und es kommt nicht darauf an, wer Partei der Arbeitsverträge und damit Arbeitgeber im Sinne des Arbeitsvertragsrechts ist[2].

---

[1] Vgl. etwa *Brecht*, § 1 Anm. 17 ff.; *Dietz / Nikisch*, § 83 Anm. 9; *Dietz / Richardi*, § 1 Anm. 22 f.; *Kraft*, GK-BetrVG, § 1 Anm. 25 f.; *Nikisch* III, S. 58; *Söllner*, S. 141. Weitergehend *Rüthers / Stindt*, BB 1972, 973 (977), in Großbetrieben sei Arbeitgeber „nur die zusammenfassende Bezeichnung für die Unternehmensleitung"; vgl. hierzu auch die scharfe und in der Sache berechtigte Kritik von *Fabricius*, Gesellschaftsrechtliche Unternehmensverbindungen, S. 54 ff.

[2] a. M. *Galperin / Löwisch*, vor § 1 Anm. 30. Betriebsinhaber und Arbeitsvertragspartei sind zwar in aller Regel, nicht aber notwendigerweise identisch; so indessen *Dersch / Volkmar*, § 83 Anm. 2 a. Das Gesetz meint überdies mit „Arbeitgeber" vereinzelt die Partei des Arbeitsvertrags, so z. B. in

I. Arbeitgeber

Diese Begriffsbestimmung entspricht der allgemein üblichen Fassung des Rubrums arbeitsgerichtlicher Beschlüsse und leuchtet im Hinblick auf die vermögensabhängige Zwangsvollstreckung sofort ein, denn die Vollstreckungsmaßnahmen treffen denjenigen, dem ohnehin sämtliche auf den Betrieb und seine Einrichtungen bezogenen Rechte und Pflichten vermögensrechtlichen Inhalts zugeordnet werden. Bei den Zwangsmaßnahmen gegen die Person führt sie aber offenbar zu Unzuträglichkeiten. Im einzelkaufmännisch betriebenen Ein-Betriebs-Unternehmen mag der Inhaber noch unschwer als Arbeitgeber und Adressat der Vollstreckungsmaßnahmen auszumachen sein, bei Handels- und Kapitalgesellschaften, in (Groß-)Unternehmen mit mehreren Betrieben und vollends im Konzern ist das nicht mehr der Fall. Hier teilen sich eine Vielzahl von Personen in die Wahrnehmung der — betriebsverfassungsrechtlichen — Arbeitgeberfunktionen, angefangen bei der örtlichen Betriebsleitung (Werksleitung) bis hin zum Vorstand des Unternehmens und zur Spitze des Konzerns[3]. Man könnte daran denken, sämtliche Personen mit Leitungsbefugnissen und damit jeweils die konkreten Verhandlungspartner der Betriebsvertretungen der Zwangsvollstreckung gegen den Arbeitgeber zu unterwerfen. Indessen sind diese Personen in der überwiegenden Mehrzahl lediglich dessen Bevollmächtigte; daran vollstreckungsrechtliche Konsequenzen zu knüpfen, geht nicht an. Arbeitgeber im Sinne des Betriebsverfassungs- und Vollstreckungsrechts ist in Übereinstimmung mit dem prozessualen Parteibegriff deshalb allein der Betriebsinhaber (Einzelkaufmann, Handelsgesellschaft, juristische Person usw.); in die Vollstreckung einbezogen sind im Fall einer Handelsgesellschaft die geschäftsführenden Gesellschafter, im Fall einer juristischen Person die Mitglieder des zur gesetzlichen Vertretung berufenen Organs (vgl. § 5 Abs. 2 Nr. 1, 2 BetrVG)[4]. In der Seebetriebsverfassung tritt an seine Stelle der Inhaber des Seeschiffahrtsunternehmens (§ 114 Abs. 2 BetrVG)[5]. Der Kapitän[6] und ganz

---

§ 20 Abs. 3 Satz 2, § 37 Abs. 2 - 5, § 39 Abs. 3, § 44 Abs. 1 Satz 2, 3, Abs. 2 Satz 2 BetrVG; hieraus entstehende Streitigkeiten gehören in das arbeitsgerichtliche Urteilsverfahren (§ 2 Abs. 1 Nr. 2, § 8 Abs. 1, §§ 46 ff. ArbGG).

[3] Dem Konzern als bloßem Zusammenschluß mehrerer rechtlich selbständiger Unternehmen kommt als solchem niemals Arbeitgeberqualität zu, ebensowenig für den gesamten Konzernbereich dem herrschenden Unternehmen. Die daraus sich ergebenden Schwierigkeiten, den Partner und Gegenspieler („Arbeitgeber") des Konzernbetriebsrats auszumachen, können hier nur angedeutet werden; vgl. dazu *Fabricius*, GK-BetrVG, vor § 54 Anm. 53 ff.; *Martens*, ZfA 1973, 297 ff.

[4] Vgl. auch § 8 Abs. 2 und 3 BetriebsärzteG, wo sehr klar zwischen „Leiter des Betriebs" und „Arbeitgeber" unterschieden wird.

[5] Dazu *Dietz / Richardi*, § 114 Anm. 17 ff.; *Galperin / Löwisch*, § 114 Anm. 4 ff.; *Wiese*, GK-BetrVG, § 114 Anm. 2 ff.

[6] Vgl. *Dietz / Richardi*, § 115 Anm. 2 f.; *Galperin / Löwisch*, § 114 Anm. 52; *Wiese*, GK-BetrVG, § 115 Anm. 4.

ebenso die Betriebsärzte und Fachkräfte für Arbeitssicherheit (§§ 2 ff., 5 ff. BetriebsärzteG) handeln als eigenständige Subjekte der Betriebsverfassung und können als solche auch Vollstreckungsschuldner sein (vgl. aber § 115 Abs. 7 Nr. 2 Satz 3 BetrVG).

Es mag mißlich sein, daß die (personenbezogene) Vollstreckung auf Betreiben etwa des (Einzel-)Betriebsrats eines Mehr-Betriebs-Unternehmens den Vorstand des Unternehmens trifft und nicht die örtliche Werksleitung als den konkreten Partner und Gegenspieler. Der Vorstand hat es aber in der Hand, mittels Aufsicht, Weisungen, notfalls Abberufung usw. die Werksleitungen zu einem betriebsverfassungs- und titelgemäßen Verhalten anzuhalten. Im übrigen befindet sich jeder Vollstreckungsgläubiger, der gegen ein dezentral organisiertes Unternehmen vorgeht, in dieser Lage, und im betriebsverfassungsrechtlichen Verfahren darf hiervon nicht ohne Not abgewichen werden.

2. Gang der Vollstreckung

Der Zwangsvollstreckung wegen einer gegen den Arbeitgeber gerichteten Geldforderung (§§ 803 ff. ZPO)[7] unterliegt sein gesamtes Vermögen. Ein Einzelkaufmann haftet mit seinem Geschäfts- und Privatvermögen, eine — als solche beteiligtenfähige (§§ 124, 161 HGB, § 10 ArbGG) — Handelsgesellschaft mit dem Gesellschaftsvermögen unter Mithaftung der Gesellschafter (§§ 128 f., 171 HGB), eine juristische Person ausschließlich mit ihrem (Unternehmens-)Vermögen. Gleiches gilt im Fall der Verurteilung zur Vornahme einer vertretbaren Handlung[8] für die Beitreibung der Kosten einer Ersatzvornahme (§ 887 ZPO). In der Herausgabevollstreckung (§§ 883 ff. ZPO)[9] richten sich die der Besitzentziehung dienenden Zwangsmaßnahmen (vgl. §§ 758 ff. ZPO) gegen den Arbeitgeber bzw. — bei parteifähigen Personengesamtheiten — gegen die Organe sowie gegen die Besitzdiener, ohne daß es

---

[7] z. B. Ansprüche einzelner Betriebsratsmitglieder auf Ersatz notwendiger Aufwendungen nach § 40 Abs. 1 BetrVG.

[8] Beispielsweise die Erteilung von Abschriften (vgl. etwa § 89 Abs. 4 und 5 BetrVG), die Befreiung einzelner Betriebsratsmitglieder von Forderungen Dritter (§ 40 Abs. 1 BetrVG; vgl. *Blomeyer*, S. 438 mit Nachweisen), die Zurverfügungstellung von Büropersonal (§ 40 Abs. 2 BetrVG, dazu unten 3), die Entfernung von (aus betriebsverfassungsrechtlichen Gründen unzulässigen) Anschlägen, die Auslegung von Betriebsvereinbarungen (§ 77 Abs. 2 Satz 2 BetrVG).

[9] z. B. wegen der Ansprüche des Betriebsrats aus § 40 Abs. 2 BetrVG auf Räume und sachliche Mittel, Ansprüche auf Vorlage oder Herausgabe von Unterlagen (vgl. etwa §§ 80 Abs. 2 Satz 2 1. Halbsatz, 92 Abs. 1 Satz 1, 99 Abs. 1 Satz 1, 106 Abs. 2, 116 Abs. 6 Nr. 2 Satz 2 BetrVG; zur Anwendbarkeit der §§ 883, 888 ZPO bei Ansprüchen auf Auskunft unter Vorlage von Unterlagen *Blomeyer*, S. 424; *Stein / Jonas / Münzberg*, § 883 Anm. I 1 e mit weiteren Nachweisen).

deren gesonderter Verurteilung bedarf[10]. Die Pflicht zur Abgabe der Offenbarungsversicherung nach §§ 807, 883 Abs. 2 ZPO und das gegebenenfalls anzuwendende Zwangsmittel der Haft (§§ 901 ff. ZPO) treffen ebenso den Arbeitgeber bzw. die für ihn verantwortlich handelnden natürlichen Personen. Eine von dem Arbeitgeber abzugebende Willenserklärung wird mit Rechtskraft des verurteilenden Beschlusses fingiert (§ 894 ZPO)[11].

Nicht ganz so eindeutig und unproblematisch ist die Durchführung der Zwangsvollstreckung zur Erwirkung unvertretbarer Handlungen[12] und Unterlassungen[13] (§§ 888, 890 ZPO). Ungeachtet der zivilprozessualen Kontroverse[14] stellt das Betriebsverfassungsrecht die Frage, ob die vollstreckungsrechtliche Behandlung des Betriebsrats insoweit auch dem Arbeitgeber als seinem sozialen Gegenspieler zuteil werden muß. Die Vollstreckung der Haft folgte dann zwar zivilprozessualen Regeln, nicht aber die Anwendung von Zwangsgeld und Ordnungsgeld, die bei parteifähigen Personengesamtheiten gegen deren Organpersonen zu vollstrecken wären.

Es wurde bereits darauf hingewiesen, daß die Betriebspartner nicht generell rechtlich gleichgestellt sind. Der Betriebsrat verfügt zwar über eine Vielzahl von Mitbestimmungsrechten, bei deren Wahrnehmung er gleichberechtigt in die unternehmensinterne Willensbildung eingeschaltet ist. Die Vermögensdispositionen für das Unternehmen trifft aber der Vorstand, und er trägt dafür auch die Verantwortung. Gerade dieser Umstand soll ja die Beitreibung der Zwangs- und Ordnungsgelder aus dem Vermögen des Unternehmens (Vollstreckungsschuldners) rechtfertigen. Im übrigen hat die Zwangsvollstreckung im betriebsverfassungsrechtlichen Verfahren soweit irgend möglich nach zivilprozessualen Regeln stattzufinden (§ 85 Abs. 1 Satz 2 ArbGG); Abweichungen hiervon sind nur zugelassen, wenn anders eine Vollstreckung nicht durchführbar ist. Im Fall der Verurteilung einer

---

[10] Dazu und zum folgenden oben § 3 I.
[11] So etwa sein Einverständnis nach § 80 Abs. 3 Satz 1 BetrVG.
[12] Beispiele: Auskunfts-, Berichterstattungs- und Beratungspflichten nach §§ 43 Abs. 2 Satz 3, 53 Abs. 2 Nr. 2, 74 Abs. 1 (dazu oben § 2 Fußnote 4), 80 Abs. 2 Satz 1, 85 Abs. 3 Satz 1, 89 Abs. 2 Satz 2, 90 Satz 1, 92 Abs. 1, 96 Abs. 1 Satz 2, 97, 99 Abs. 1, 100 Abs. 2 Satz 1, 102 Abs. 1 Satz 2, 105, 106 Abs. 1 Satz 2, Abs. 2, 108 Abs. 5, 110, 111 Satz 1, 116 Abs. 6 Nr. 2 Satz 1 BetrVG, Vorlage der Listen über die Bruttolöhne und -gehälter nach § 80 Abs. 2 Satz 2 2. Halbsatz BetrVG (vgl. *LAG Hamm*, DB 1973, 1951 [1952]), Zuziehung des Betriebsrats (§§ 89 Abs. 2 Satz 1, Abs. 3, 108 Abs. 5 BetrVG), innerbetriebliche Stellenausschreibung (§ 93 BetrVG), ferner vielfältige Pflichten aus Tarifverträgen, Betriebsvereinbarungen und Betriebsabsprachen (vgl. namentlich § 77 Abs. 1 Satz 1 BetrVG).
[13] Beispielsweise Pflichten aus §§ 74 Abs. 2 und 78 BetrVG (vgl. auch § 119 Abs. 1 Nr. 2).
[14] Dazu oben § 3 II und III.

Personengesamtheit als Arbeitgeber zu Zwangsgeld oder Ordnungsgeld nach §§ 888, 890 ZPO haftet deshalb wie im Zivilprozeß sie selbst mit ihrem Vermögen, nicht aber haften die für sie handelnden natürlichen Personen[15].

3. Betriebsrat als Vollstreckungsgläubiger

Die Zwangsvollstreckung gegen den Arbeitgeber im betriebsverfassungsrechtlichen Verfahren folgt ausnahmslos zivilprozessualen Grundsätzen, doch ergeben sich einige wenige Besonderheiten, wenn der — nichtvermögensfähige — Betriebsrat die Vollstreckung betreibt. Die Forderungsvollstreckung (§§ 803 ff. ZPO) kommt insoweit von vornherein nicht zum Zug, weil der Betriebsrat niemals Gläubiger einer Geldforderung sein kann. Aus dem gleichen Grund scheidet die vollstreckungsrechtliche Kostenerstattung in der Zwangsvollstreckung zur Erwirkung einer vertretbaren Handlung nach § 887 ZPO aus. Das führt indessen auch in den Fällen nicht zu einer Beschränkung der Vollstreckungsmöglichkeiten, in denen der Betriebsrat nicht selbst die Handlung vornehmen kann, sondern dazu der entgeltlichen Mitwirkung Dritter bedarf. Ist der Arbeitgeber beispielsweise verpflichtet, eine Bürokraft zur Verfügung zu stellen oder die Benutzung eines Telefons zu ermöglichen (vgl. § 40 Abs. 2 BetrVG), so kann der Betriebsrat zwar nicht wie andere Vollstreckungsgläubiger durch Abschluß entsprechender Verträge und Beitreibung der entstehenden Kosten seinen Anspruch verwirklichen; der zu vollziehende Titel gewährt ihm aber ähnlich den gesetzlichen Kompetenzen zur Beauftragung von Sachverständigen, Rechtsanwälten und Beisitzern der Einigungsstelle[16] und aus den gleichen Gründen die Befugnis, im Namen des Arbeitgebers und mit Wirkung für und gegen diesen eine Bürokraft einzustellen oder den Auftrag zur Einrichtung eines Telefonanschlusses zu erteilen.

Bei Widerstand des Arbeitgebers (Vollstreckungsschuldners) gegen die vorzunehmende Handlung (§§ 887, 892 ZPO) und ebenso in der Herausgabevollstreckung (§§ 883 ff. ZPO) ist der Betriebsrat wie andere Vollstreckungsgläubiger auf die Hilfe des Gerichtsvollziehers angewiesen. Im Gegensatz zum gerichtlichen Verfahren werden für dessen Tätigkeit Kosten erhoben[17]; nach § 3 Abs. 1 Nr. 1 GVKostG ist Kostenschuldner auch der Auftraggeber, d. h. der Vollstreckungsgläubiger. Der Betriebsrat kann zwar Vollstreckungsgläubiger, mangels Vermögensfähigkeit aber nicht Kostenschuldner sein. Auch hier gewährt das

---
[15] Zu weiteren Einzelheiten des Verfahrens oben § 5 I 3, zur Subsidiarität des § 23 Abs. 3 BetrVG oben § 1 Fußnote 17.
[16] Dazu oben § 4 II zu Fußnoten 44 ff.
[17] Vgl. die Angaben oben § 6 Fußnote 16.

Gesetz ihm die Kompetenz, den — öffentlichem Recht unterliegenden — „Auftrag" in eigener Zuständigkeit, doch mit unmittelbar verpflichtender Wirkung für den Arbeitgeber zu erteilen[18]. Für die Gebühren und Auslagen des Gerichtsvollziehers haftet demnach allein der Arbeitgeber als Vollstreckungsschuldner und Auftraggeber zugleich.

Die Herausgabevollstreckung wegen der Ansprüche des Betriebsrats aus § 40 Abs. 2 BetrVG führt grundsätzlich dann nicht zum Ziel, wenn der Arbeitgeber (Vollstreckungsschuldner) die geforderten (beweglichen) Sachen (Einrichtungsgegenstände, Büromaterial, Fachliteratur usw.) nicht besitzt[19]. Ebensowenig kann ein Titel auf Herausgabe eines Raumes (§ 885 ZPO) ohne weiteres vollstreckt werden, weil der Betriebsrat keinen Anspruch auf einen bestimmten Raum hat, es sich also um eine „Gattungsschuld" des Arbeitgebers handelt, und der Gerichtsvollzieher bei unvertretbaren Sachen nicht zur Konkretisierung berufen ist (arg. § 884 ZPO)[20]. Die Vollstreckung im Wege der Ersatzvornahme ist bei der Herausgabe von Sachen durch § 887 Abs. 3 ZPO ausdrücklich ausgeschlossen[21], es sei denn, dem Arbeitgeber ist als eigenständige Verpflichtung gerade die Beschaffung bestimmter Sachen aufgegeben[22]. Die Zivilprozeßordnung verweist den Vollstreckungsgläubiger in den genannten Fällen auf das Interesse (§ 893 ZPO). Dabei muß es auch im betriebsverfassungsrechtlichen Verfahren sein Bewenden haben. Der Betriebsrat kann zwar keinen Schadenersatz verlangen, doch tritt an dessen Stelle als besondere betriebsverfassungsrechtliche Sanktion der Strafantrag gegen den Arbeitgeber wegen Behinderung der Betriebsratstätigkeit (§ 119 Abs. 1 Nr. 2, Abs. 2 BetrVG). Im übrigen bezweckt die Verweisung in § 85 Abs. 1 Satz 2 ArbGG die weitgehende Angleichung, nicht aber eine Erweiterung der Vollstreckungsmöglichkeiten im betriebsverfassungsrechtlichen Verfahren über das in der Zivilprozeßordnung vorgesehene Maß hinaus.

Die mangelnde Vermögensfähigkeit des Betriebsrats hat schließlich keinen Einfluß auf die Vollstreckung eines gegen den Arbeitgeber verhängten Zwangsgelds oder Ordnungsgelds nach §§ 888, 890 ZPO. Gläu-

---

[18] a. M. *Tschischgale*, S. 172 f. mit Fußnoten 2, 3, demzufolge die nach außen auftretenden Mitglieder des Betriebsrats — kostenpflichtige — Auftraggeber des Gerichtsvollziehers sein sollen. Dahingehende haftungsrechtliche Konsequenzen ordnungsgemäßer Betriebsratstätigkeit vertragen sich aber nicht mit den Grundsätzen des Ehrenamts, das mit keinen finanziellen Nachteilen verbunden sein darf (§§ 37 Abs. 1, 78 Satz 2 BetrVG); dazu ausführlich *Jahnke*, RdA 1975, 343 (349 f.).

[19] Vgl. *Blomeyer*, S. 422 f.; *Stein / Jonas / Münzberg*, § 884 Anm. I.

[20] Bei einer Gattungsschuld auf Leistung unvertretbarer Sachen scheidet § 884 ZPO aus, vgl. *RGZ* 58, 160; *Blomeyer*, S. 423; *Stein / Jonas / Münzberg*, § 884 Anm. II.

[21] Das übersieht *Neumann-Duesberg*, S. 330.

[22] Vgl. *Stein / Jonas / Münzberg*, § 883 Anm. I 1 b, § 887 Anm. II 1.

II. Betriebsverfassungsrechtliche Kollegialorgane und deren Mitglieder

Die Grundsätze zur Zwangsvollstreckung gegen den Betriebsrat gelten ohne weiteres für die anderen Betriebsvertretungen, vor allem für den Gesamtbetriebsrat (§§ 47 ff. BetrVG), den Konzernbetriebsrat (§§ 54 ff. BetrVG), die Bordvertretung (§ 115 BetrVG), den Seebetriebsrat (§ 116 BetrVG), die Jugendvertretung (§§ 60 ff. BetrVG), die Gesamtjugendvertretung (§§ 72 f. BetrVG), die in § 3 Abs. 1 Nr. 1 und 2 BetrVG bezeichneten Vertretungen der Arbeitnehmer und den Wahlvorstand (§§ 16 ff., § 63, § 115 Abs. 2 Nr. 7, 8, § 116 Abs. 2 Nr. 6, 7 BetrVG). Alle diese Gremien besitzen ebensowenig wie der Betriebsrat eigene Rechtspersönlichkeit. Sie sind im Grunde seine getreuen Abbilder für bestimmte Aufgaben oder in besonderen Fällen, wie schon in den weitgehenden Verweisungen des Gesetzes auf die Regelungen über den Betriebsrat zum Ausdruck kommt[23]. Es besteht also hier wie dort die gleiche Ausgangssituation, so daß die oben (§§ 5 und 6) angestellten Überlegungen ohne Einschränkung zutreffen. Im Fall der Verurteilung eines der genannten Gremien findet somit aus dem arbeitsgerichtlichen (Leistungs-)Beschluß die Zwangsvollstreckung grundsätzlich nach den Vorschriften der Zivilprozeßordnung statt (§ 85 Abs. 1 ArbGG). Der Mangel eines eigenen Vermögens führt auch hier dazu, daß die Zwangsgelder und Ordnungsgelder nach §§ 888, 890 ZPO gegen die in concreto verhaltenspflichtigen Mitglieder vollstreckt werden und daß die Verurteilung zu Geldleistungen und die vollstreckungsrechtliche Kostenerstattung nach § 887 ZPO schlechthin ausgeschlossen sind. Die Möglichkeiten einer Vollstreckung gegen die Bordvertretung sind insofern eingeschränkt, als § 115 Abs. 7 Nr. 2 Satz 3 BetrVG ihr und dem Kapitän die Antragsbefugnis im arbeitsgerichtlichen Verfahren in den der Mitwirkung und Mitbestimmung der Bordvertretung unterliegenden Angelegenheiten grundsätzlich entzieht; daraus entstehende Streitigkeiten werden regelmäßig durch Abgabe an den Seebetriebsrat bzw. das Seeschiffahrtsunternehmen beigelegt. Das schließt die Vollstreckung wegen anderer Pflichten der Bordvertretung und erst recht auf Betreiben anderer Beteiligter (Seebetriebsrat, Gewerkschaft usw.) nicht aus[24].

---

[23] Vgl. §§ 3 Abs. 3 2. Halbsatz, 51 Abs. 1 Satz 1, 59 Abs. 1, 65 Abs. 1, 73 Abs. 2, 115 Abs. 4, 116 Abs. 3 BetrVG.
[24] Zum Ganzen *Dietz / Richardi*, § 115 Anm. 75 f., 114; *Wiese*, GK-BetrVG, § 115 Anm. 44 ff.

Die Einigungsstelle (§ 76 Abs. 1—7 BetrVG), die betriebliche Beschwerdestelle (§ 86 Satz 2 BetrVG) und die tarifliche Schlichtungsstelle (§ 76 Abs. 8 BetrVG) sind als solche ebenso Adressaten betriebsverfassungsrechtlicher Pflichten und damit eigenständige Subjekte der Betriebsverfassung[25]. Folglich können sie auch Beteiligte des Beschlußverfahrens und Vollstreckungsschuldners sein, denn die §§ 2 Abs. 1 Nr. 4, 10, 85 Abs. 1 ArbGG lassen Gegenteiliges nicht erkennen. Die vollstreckungsmäßige Durchsetzung ihrer Pflichten[26] ist deswegen sinnvoll, weil die Betriebspartner in vielen Fällen auf die schlichtende Tätigkeit dieser Gremien angewiesen sind, auf deren Arbeitsweise anderweitig aber keinen Einfluß nehmen können. Die mit der betrieblichen Schlichtung betrauten Stellen dürfen den Betriebsvertretungen nicht einfach gleichgestellt werden, weil ihnen Repräsentanten beider Seiten, der Arbeitnehmer und der Arbeitgeber, angehören, die anders als Betriebsräte keine unentgeltliche und ehrenamtliche Tätigkeit ausüben[27]. Sie verfügen aber ebenso wie jene über kein Vermögen. Da jede innere Rechtfertigung dafür fehlt, die Vollstreckungsmöglichkeiten einzig gegenüber den Schlichtungsstellen einzuschränken, müssen die Grundsätze über die Zwangsvollstreckung gegen den Betriebsrat auch hier Anwendung finden.

Für die Mitglieder der genannten Betriebsvertretungen und Schlichtungsstellen und ebenso für die Mitglieder des Betriebsrats[28] und den Vertrauensmann der Schwerbehinderten (§§ 21 ff. SchwbG) gelten dagegen keine vollstreckungsrechtlichen Besonderheiten. Sie sind der Zwangsvollstreckung im gleichen Umfang ausgesetzt wie jede andere natürliche Person. Der Umstand, daß die Arbeitnehmervertreter ein Ehrenamt ausüben, das mit keinen Vor- oder Nachteilen verbunden sein darf (§§ 37 Abs. 1, 78 Satz 2 BetrVG; § 23 Abs. 1, 2 SchwbG), steht der Durchführung der Vollstreckung schon deswegen nicht entgegen, weil es hierbei gerade um die Herbeiführung eines amtspflichtgemäßen Verhaltens geht. Das schließt indessen eine sachgerechte Begrenzung einzelner Zwangsmaßnahmen im Interesse eines größeren Handlungsspielraums und einer verantwortungsfreudigeren Amtsführung nicht aus[29].

---

[25] Sie sind privatrechtliche (vgl. nur *Dietz / Richardi*, § 76 Anm. 22, 41; *Thiele*, GK-BetrVG, § 76 Anm. 49 f.) und mit Ausnahme der letzteren organisatorisch innerbetriebliche Einrichtungen, obschon kein gemeinsames Organ des Arbeitgebers und des Betriebsrats; dazu — mit Angaben — *Dietz / Richardi*, § 76 Anm. 21.
[26] z. B. Herausgabe von Unterlagen, Erteilung von Auskünften, Beschlußfassung, Unterlassungspflichten nach § 74 Abs. 2 BetrVG.
[27] Vgl. die Angaben oben § 4 Fußnote 44.
[28] So auch die h. M., vgl. die Angaben oben § 2 Fußnote 65.
[29] Vgl. dazu oben § 5 I 1 mit Fußnoten 15 f.

III. Weitere Beteiligte

Unter den übrigen Subjekten der Betriebsverfassung sind vor allem die Gewerkschaften hervorzuheben, denen das Betriebsverfassungsgesetz eine Fülle von Rechten und Pflichten zuweist[30]. Sie haben aus historischen Gründen zumeist die Form des nichtrechtsfähigen Vereins, werden im Prozeß aber wie juristische Personen behandelt[31]. Da das Betriebsverfassungsgesetz hier keine Abweichungen verlangt, unterscheidet sich die Zwangsvollstreckung aus einem eine Gewerkschaft verurteilenden arbeitsgerichtlichen Beschluß nicht vom Gang der Vollstreckung aus anderen arbeitsgerichtlichen oder zivilprozessualen Titeln. Bei einer Beteiligung des Betriebsrats oder eines anderen betriebsverfassungsrechtlichen Kollegialorgans als Vollstreckungsgläubiger gelten allerdings die oben (I 3) genannten Grundsätze entsprechend. Die Vereinigungen der Arbeitgeber können ebenso im betriebsverfassungsrechtlichen Verfahren Vollstreckungsschuldner sein; auch hierbei ergeben sich keine betriebsverfassungsrechtlich bedingten Besonderheiten. Gegen einzelne Arbeitnehmer wird es mangels betriebsverfassungsrechtlicher Pflichten wohl nur in seltenen Ausnahmefällen zur Zwangsvollstreckung nach § 85 Abs. 1 ArbGG kommen, theoretisch ausgeschlossen ist sie jedoch nicht.

Die anderen (möglichen) Beteiligten sind sämtlich Träger öffentlicher Verwaltung, so vor allem die für den Arbeitsschutz zuständigen Behörden, Träger der gesetzlichen Unfallversicherung und sonstigen in Betracht kommenden Stellen (§§ 89 und 115 Abs. 7 Nr. 7 BetrVG), die für die Berufsbildung und die Förderung der Berufsbildung zuständigen Stellen (§ 96 Abs. 1 Nr. 1 BetrVG), der Präsident des Landesarbeitsamtes (§ 112 Abs. 2 BetrVG), die mit der Durchführung des Schwerbehindertengesetzes beauftragten Stellen und übrigen Rehabilitationsträger (§ 26 Abs. 2 Satz 1 SchwbG), usw. Die Ausübung der ihnen zugewiesenen betriebsverfassungsrechtlichen Befugnisse dient unmittelbar der Erfüllung ihrer Aufgaben und unterliegt als hoheitliches Verwaltungshandeln den Grundsätzen des öffentlichen Rechts. Bislang ist noch offen, ob daraus entstehende Streitigkeiten im arbeitsgerichtlichen Beschlußverfahren auszutragen sind[32]. Der Wortlaut des § 2

---

[30] Vgl. die Aufstellung bei *Wiese*, JahrbArbR Bd. 9 (1971), 55 (65 Fußnote 73).

[31] Vgl. für den Zivilprozeß *BGHZ* 50, 325 (zur passiven Parteifähigkeit bereits § 50 Abs. 2 ZPO), für den Arbeitsgerichtsprozeß § 10 1. Halbsatz ArbGG.

[32] So im Fall des § 89 BetrVG *Etzel*, BlStSozArbR 1973, 225 (227 f.); *ders.*, RdA 1974, 215 (217); *Galperin / Löwisch*, § 89 Anm. 17; *Grunsky*, § 2 Anm. 141; *Wiese*, GK-BetrVG, § 89 Anm. 19; a. M. *Fitting / Auffarth / Kaiser*, § 89 Anm. 31; *Lobscheid*, AuR 1972, 190 (191). Vgl. ferner *BAG* AP Nr. 7 zu § 37 BetrVG 1972, Bl. 4 ff., sowie — mit Angaben — *Dütz*, AuR 1973, 353 (369 f.); *Galperin / Löwisch*, § 37 Anm. 117 (anders aber § 3 Anm. 29); *Grunsky*, § 2 Anm. 133

III. Weitere Beteiligte

Abs. 1 Nr. 4 ArbGG scheint dies nahezulegen, doch steht dahinter die grundsätzliche Frage, ob der Rechtsweg zu den Arbeitsgerichten nur für bürgerlichrechtliche Streitigkeiten oder auch für öffentlich-rechtliche Streitigkeiten eröffnet ist. Im letzteren Fall können die genannten Körperschaften usw. auch Beteiligte und Vollstreckungsschuldner im arbeitsgerichtlichen Verfahren in Betriebsverfassungssachen sein; dann gilt ohne Einschränkung das Vollstreckungsrecht der Zivilprozeßordnung (§ 85 Abs. 1 Satz 2 ArbGG). Andernfalls wird der Rechtsschutz von den Gerichten der allgemeinen Verwaltungsgerichtsbarkeit und der Sozialgerichtsbarkeit gewährt, doch kommt nach §§ 167 ff. VwGO, §§ 198 ff. SGG auch dann im wesentlichen Zivilprozeßrecht zur Anwendung.

(anders Anm. 134); *Wiese*, GK-BetrVG, § 37 Anm. 62; *ders.*, BlStSozArbR 1974, 353 (363), wonach öffentlich-rechtliche Streitigkeiten aus § 3 Abs. 2 und § 37 Abs. 7 BetrVG wegen der dort vorgesehenen behördlichen Akte ebenso dem arbeitsgerichtlichen Beschlußverfahren zugewiesen sind; dagegen *Däubler*, Schulung und Fortbildung, S. 133 f.; *Dietz / Richardi*, § 3 Anm. 51, § 37 Anm. 91; *Kraft*, GK-BetrVG, § 3 Anm. 21.

§ 8 Zusammenfassung der Ergebnisse, Schlußbemerkung

Die Untersuchung kommt zu dem Schluß, daß das Vollstreckungsrecht der Zivilprozeßordnung die zwangsweise Rechtsdurchsetzung in der Betriebsverfassung ungeachtet der dort anzutreffenden Besonderheiten in allen wesentlichen Punkten erlaubt. Die ausdrückliche Gewährung der Zwangsvollstreckung aus den im arbeitsgerichtlichen Beschlußverfahren ergangenen rechtskräftigen Entscheidungen in § 85 Abs. 1 ArbGG ist somit eingelöst. Die mangelnde Vermögensfähigkeit der betriebsverfassungsrechtlichen Gremien, vor allem des Betriebsrats, führt zu geringfügigen Modifikationen gegenüber dem Gang der Vollstreckung nach der Zivilprozeßordnung.

Hinsichtlich der Zwangsvollstreckung gegen den Betriebsrat gilt folgendes:

1. Zur Zwangsvollstreckung wegen Geldforderungen kann es schon aus materiell-rechtlichen Gründen nicht kommen, weil das geltende Recht dahingehende gesetzliche oder rechtsgeschäftliche Verpflichtungen des Betriebsrats nicht kennt.

2. Die Zwangsvollstreckung zur Erwirkung der Herausgabe von Sachen knüpft an die dem Besitz vergleichbare, doch schwächere rein betriebsverfassungsrechtliche (Innen-)Kompetenz des Betriebsrats zur Ausübung der tatsächlichen Gewalt über die ihm überlassenen Sachen an. Der Gerichtsvollzieher darf bei Widerstand der Mitglieder des Betriebsrats kraft des Vollstreckungstitels gegen sie Gewalt üben. Die Betriebsratsmitglieder mit Organfunktionen haben die eidesstattliche Versicherung über den Verbleib der herauszugebenden (beweglichen) Sache abzugeben; sie sind zur Erzwingung der Abgabe gegebenenfalls in Haft zu nehmen. Wer im einzelnen Fall dazu verpflichtet ist, ergibt sich in erster Linie aus der internen Geschäftsverteilung. Der Betriebsrat ist weder im Verhältnis zum Gerichtsvollzieher Kostenschuldner, noch dem Vollstreckungsgläubiger gegenüber kostenerstattungspflichtig.

3. In der Zwangsvollstreckung zur Erwirkung vertretbarer Handlungen ist der Vollstreckungsgläubiger aufgrund gerichtlicher Ermächtigung berechtigt, anstelle des Betriebsrats die geschuldete Handlung vorzunehmen oder vornehmen zu lassen. Er darf dabei auch — notfalls mit Hilfe des Gerichtsvollziehers — in Befugnisse des

§ 8 Zusammenfassung der Ergebnisse, Schlußbemerkung

Betriebsrats eingreifen. Die Erstattung der hierdurch verursachten Kosten nach vollstreckungsrechtlichen Grundsätzen findet nicht statt.

4. Die in der Betriebsverfassung ganz im Vordergrund stehende Zwangsvollstreckung zur Erwirkung unvertretbarer Handlungen und Unterlassungen erfolgt im Wege der Verurteilung des Betriebsrats zu Zwangsgeld bzw. Ordnungsgeld oder -haft. Abweichend vom Zivilprozeßrecht haften für ein gegen den Betriebsrat verhängtes Zwangsgeld oder Ordnungsgeld die Betriebsratsmitglieder persönlich, die für den Betriebsrat Organfunktionen wahrnehmen, deren — dem Betriebsrat zuzurechnendes — Verhalten also im einzelnen Fall erzwungen werden soll. Sie sind gegebenenfalls auch die Adressaten von Zwangshaft und Ordnungshaft.

5. Die Zwangsvollstreckung zur Erwirkung der Abgabe einer Willenserklärung wirft keine eigenen Probleme auf, weil das Gesetz sich darauf beschränkt, die Abgabe der Erklärung mit Rechtskraft des verurteilenden Beschlusses zu fingieren.

Mit Ausnahme der Kostenerstattung und der Beitreibung von Zwangsgeld und Ordnungsgeld in der Zwangsvollstreckung zur Erwirkung unvertretbarer Handlungen und Unterlassungen folgt also die Zwangsvollstreckung gegen den Betriebsrat zivilprozessualen Regeln. Die letztere Abweichung beruht ähnlich der Anwendung von Haft gegenüber den parteifähigen Personengesamtheiten letztlich auf der Einsicht, daß die Vollstreckung sich auf anderem Wege nicht durchführen läßt. Der Verzicht auf die prozessuale Kostenerstattung hindert die zwangsweise Durchsetzung von Pflichten des Betriebsrats nicht.

Die geschilderten Grundsätze gelten ebenso für die Zwangsvollstreckung gegen die anderen betriebsverfassungsrechtlichen Gremien. Dagegen können der Arbeitgeber und die sonstigen Subjekte der Betriebsverfassung die Rolle des Vollstreckungsschuldners ohne Einschränkung übernehmen. Nur bei der Beteiligung eines der genannten Gremien führt ihre mangelnde Vermögensfähigkeit dazu, daß die prozessuale Kostenerstattung entfällt.

Im Rahmen der vorliegenden Untersuchung konnten nicht alle mit dem Thema zusammenhängenden Fragen erschöpfend abgehandelt werden. Es ging in erster Linie um den Nachweis, daß die Zwangsvollstreckung gegen die verschiedenen Subjekte der Betriebsverfassung rechtlich überhaupt möglich ist. Damit soll nicht einer schrankenlosen Rechtsdurchsetzung das Wort geredet werden. Die Klärung der nach geltendem Recht gegebenen Vollstreckungsmöglichkeiten dient den Belangen aller Beteiligten. Insbesondere läßt der aufgezeigte Weg zur zwangsweisen Verwirklichung von Pflichten des Betriebsrats keine nachteiligen Folgen für dessen Amtsführung befürchten. Die Zwangsvollstreckung setzt eine diesbezügliche Verurteilung voraus und droht regelmäßig erst mit Rechtskraft des Beschlusses. Ein auch dann noch auf seinem Standpunkt beharrender Betriebsrat verdient nicht den Schutz des Gesetzes. Das von der Dispositionsmaxime beherrschte Vollstreckungsverfahren ist zudem weitgehend auf den betriebsverfassungsrechtlichen Grundsatz der Zusammenarbeit abgestimmt. Im Gegensatz zu dem gewissermaßen „destruktiven" Auflösungsverfahren nach § 23 Abs. 1 BetrVG zielt die Zwangsvollstreckung auf die Herbeiführung eines betriebsverfassungsgemäßen Verhaltens. Wenn also die Beteiligten von den dargestellten Möglichkeiten zwangsweiser Rechtsdurchsetzung in gewissenhafter Weise Gebrauch machen, so letzten Endes im Interesse einer funktionierenden Betriebsverfassung.

Literaturverzeichnis

Adomeit, Klaus: Thesen zur betrieblichen Mitbestimmung nach dem neuen Betriebsverfassungsgesetz, BB 1972, 53

Auffarth, Fritz / *Schönherr*, Rudolf: Arbeitsgerichtsgesetz, 2. Aufl., Bielefeld 1968 ff.

Aufhäuser, Siegfried / *Nörpel*, Clemens: Arbeitsgerichtsgesetz, 6. Aufl., Berlin 1931

Ballerstedt, Kurt: Mitbestimmungsrecht, Gesellschaftsrecht und Unternehmensverfassung, BB 1950, 269.
— GmbH-Reform, Mitbestimmung, Unternehmensrecht, ZHR 135 (1971), 479
— Besprechung von Th. *Raiser*, Das Unternehmen als Organisation (1969), ZHR 134 (1970), 251

Baumann, Jürgen: Zwangsvollstreckung, Bielefeld 1975

Baumbach, Adolf / *Königsberger*, Paul: Arbeitsgerichtsgesetz vom 23. Dezember 1926, 2. Aufl., Berlin 1930

Baumbach, Adolf / *Lauterbach*, Wolfgang / *Albers*, Jan / *Hartmann*, Peter: Zivilprozeßordnung, 34. Aufl., München 1976

Baur, Fritz: Lehrbuch des Sachenrechts, 8. Aufl., München 1975

Benda, Ernst: Industrielle Herrschaft und sozialer Staat, Göttingen 1966

Bericht der Sachverständigenkommission zur Auswertung der bisherigen Erfahrungen bei der Mitbestimmung (Mitbestimmungskommission), Mitbestimmung im Unternehmen, BT-Drucks. VI/334

Bitzer, Walter: Organe und Geschäftsführung des Betriebsrats, BUV 1972, 125

Blank, Günter: Ersatz von Aufwendungen für Betriebsratsmitglieder in Verfahren vor den Gerichten für Arbeitssachen, AuR 1959, 278

Blomeyer, Arwed: Zivilprozeßrecht. Vollstreckungsverfahren, Berlin—Heidelberg—New York 1975

Bobrowski, Paul / *Gaul*, Dieter: Das Arbeitsrecht im Betrieb, 6. Aufl., Heidelberg 1970

Böhm, Wolfgang: Die Zwangsvollstreckung nach § 890 ZPO, Berlin 1971
— Akten, Geschäftsräume und Schwarzes Brett des Betriebsrats, RdA 1974, 88
— Individualrechtliche Folgen übergangener Informations- und Beratungsrechte nach dem Betriebsverfassungsgesetz 1972, DB 1974, 723

Böhrs, Hermann: Organisation des Industriebetriebes, Wiesbaden 1963

Bötticher, Eduard: Regelungsstreitigkeiten, Festschrift für Lent, München—Berlin 1957, S. 89

Brändel, Claus: Einstweilige Friedensregelungen in kollektiven Arbeitsrechts-Streitigkeiten, Diss. Hamburg 1960

Brecht, Hans-Theo: Kommentar zum Betriebsverfassungsgesetz nebst Wahlordnung, Herne—Berlin 1972

Brehm, Wolfgang: Probleme der Unterlassungsvollstreckung nach österreichischem und deutschem Recht, WRP 1975, 203

Brill, Werner: Voraussetzungen der Zwangsvollstreckung, AR-Blattei D, Zwangsvollstreckung IV

Brox, Hans / *Rüthers,* Bernd: Arbeitskampfrecht, Stuttgart 1965

Bruns, Rudolf: Zwangsvollstreckungsrecht, Berlin—Frankfurt/M. 1963

Buchner, Herbert: Kooperation als Leitmaxime des Betriebsverfassungsrechts, DB 1974, 530

Bührig, E.: Handbuch der Betriebsverfassung, Köln—Deutz 1953

Bulla, Werner: Die Verpflichtung des Arbeitgebers, dem Betriebsrat Fachliteratur zur Verfügung zu stellen, DB 1974, 1622

Coing, Helmut: Die Treuhand kraft privaten Rechtsgeschäfts, München 1973

Däubler, Wolfgang: Das Grundrecht auf Mitbestimmung, Frankfurt/M. 1973

— Schulung und Fortbildung von Betriebsratsmitgliedern und Jugendvertretern nach § 37 BetrVG, 2. Aufl., Köln 1975

— Die Kosten des Verfahrens vor der Einigungsstelle, DB 1973, 233

— Besprechung der Kommentare zum Betriebsverfassungsgesetz von *Dietz / Richardi* (5. Aufl. 1973) und *Fabricius / Kraft / Thiele / Wiese* (1973/74), AcP 175 (1975), 181

Dahrendorf, Ralf / *Burisch,* Wolfram: Industrie- und Betriebssoziologie, 7. Aufl., Berlin—New York 1973

Depène, Hans / *Rohlfing,* Theodor / *Heinitz,* Ernst: Arbeitsgerichtsgesetz, 2. Aufl., Berlin—Leipzig 1932

Derpa, Christian: Die Zurechnung nichtrechtsgeschäftlichen Handelns bei Vertretung kraft Amtes, Bonn 1973

Dersch, Hermann: Betriebsrätegesetz vom 4. Februar 1920, 5. Aufl., Mannheim—Berlin—Leipzig 1922

Dersch, Hermann / *Volkmar:* Arbeitsgerichtsgesetz vom 3. September 1953, 6. Aufl., Berlin—Frankfurt/M. 1955

Dietz, Rolf: Betriebsverfassungsgesetz, 4. Aufl., München—Berlin 1967

— Tarifliche Gestaltung des Mitbestimmungsrechtes, DB 1952, 969

— Die neue Arbeits- und Sozialgerichtsbarkeit, DRiZ 1954, 25

— Entscheidungsanmerkung, AP Nr. 1 zu § 43 BetrVG

— Entscheidungsanmerkung, AP Nr. 1 zu § 45 BetrVG

Dietz, Rolf / *Nikisch,* Arthur: Arbeitsgerichtsgesetz, München—Berlin 1954

Dietz, Rolf / *Richardi,* Reinhard: Betriebsverfassungsgesetz, 5. Aufl., München 1973

Duden, Konrad: Das Unternehmen. Menschen und Mittel, Festschrift für Barth, Stuttgart 1971, S. 7

— Zur Methode der Entwicklung des Gesellschaftsrechts zum „Unternehmensrecht", Festschrift für Schilling, Berlin—New York 1973, S. 309

Dütz, Wilhelm: Die gerichtliche Überprüfung der Sprüche von betriebsverfassungsrechtlichen Einigungs- und Vermittlungsstellen, Bielefeld 1966

Dütz, Wilhelm: Einstweiliger Rechts- und Interessenschutz in der Betriebsverfassung, ZfA 1972, 247
— Verfahrensrecht der Betriebsverfassung, AuR 1973, 353
— Verfahrensrechtliche Fragen im Zusammenhang mit dem Betriebsverfassungsgesetz 1972, Mitt. Dt. ArbGerVerb. 1975, Nr. 36, S. 3 (fälschlich ist dort *Dietz* als Autor angegeben)
— Entscheidungsanmerkung, EzA Nr. 2 zu § 76 BetrVG 1972

Dütz, Wilhelm / *Säcker*, Franz-Jürgen: Zum Umfang der Kostenerstattungs- und Kostenvorschußpflicht des Arbeitgebers gemäß § 40 BetrVG, DB 1972, Beilage Nr. 17

Eltzbacher, Paul: Die Unterlassungsklage, 1906

Engler, Herbert: Kommentar zum Betriebsräte-Gesetz für das Land Hessen, Offenbach—Bad Homburg v. d. H. 1949

Enneccerus, Ludwig / *Lehmann*, Heinrich: Recht der Schuldverhältnisse, 15. Aufl., Tübingen 1958

Enneccerus, Ludwig / *Nipperdey*, Hans Carl: Allgemeiner Teil des Bürgerlichen Rechts, Erster Halbband, 15. Aufl., Tübingen 1959

Erdmann, Ernst-Gerhard / *Jürging*, Claus / *Kammann*, Karl-Udo: Betriebsverfassungsgesetz, Neuwied—Berlin 1972

Erman, Walter: Handkommentar zum Bürgerlichen Gesetzbuch, 6. Aufl., Münster 1975

Etzel, Gerhard: Die Rechtsprechung zum Betriebsverfassungsgesetz 1972 (IV), BlStSozArbR 1973, 225
— Probleme des arbeitsgerichtlichen Beschlußverfahrens, RdA 1974, 215

Fabricius, Fritz: Relativität der Rechtsfähigkeit, München—Berlin 1963
— Gesellschaftsrechtliche Unternehmensverbindungen und Arbeitgeberbegriff in der betrieblichen Krankenversicherung, Neuwied—Berlin 1971

Fabricius, Fritz / *Kraft*, Alfons / *Thiele*, Wolfgang / *Wiese*, Günther: Betriebsverfassungsgesetz. Gemeinschaftskommentar (GK-BetrVG), Neuwied—Berlin 1973/74

Falkmann, R. / *Hubernagel*, G.: Die Zwangsvollstreckung in das bewegliche Vermögen, 3. Aufl., Berlin 1937/39

Farthmann, Friedhelm: Betriebsverfassung und Unternehmensrecht, ArbuSozPol. 1970, 380

Fischer, Alf: Zur Haftung des Betriebsrats für Verletzungen seiner Amtspflichten, RdA 1961, 230

Fitting, Karl: Das Arbeitsgerichtsgesetz vom 6. Dezember 1946 mit Erläuterungen, 2. Aufl., München 1949
— Das neue Arbeitsgerichtsgesetz, BArbBl. 1953, 572

Fitting, Karl / *Auffarth*, Fritz / *Kaiser*, Heinz: Betriebsverfassungsgesetz nebst Wahlordnung, 11. Aufl., München 1974

Fitting, Karl / *Kraegeloh*, Walter: Arbeitsgerichtsgesetz vom 3. September 1953, Berlin—Frankfurt/M. 1953

Fitting, Karl / *Kraegeloh*, Walter / *Auffarth*, Fritz: Betriebsverfassungsgesetz nebst Wahlordnung, 9. Aufl., Berlin—Frankfurt/M. 1970

Floretta, Hans / *Spielbüchler*, Karl / *Strasser*, Rudolf: Arbeitsrecht. Bd. II Kollektives Arbeitsrecht (Arbeitsverfassungsrecht), Wien 1976

Floretta, Hans / *Strasser*, Rudolf: Kommentar zum Betriebsrätegesetz, 2. Aufl., Wien 1973

Förster, A. / *Kann*, Richard: Die Zivilprozeßordnung für das Deutsche Reich, 3. Aufl., Berlin 1926

Frauenkron, Karl-Peter: Betriebsverfassungsgesetz mit Wahlordnung, Stuttgart u. a. 1972

Freisler, Roland: Grundsätzliches über die Betriebsorganisation, Jena 1922

Frey, Erich: Probleme des Beschlußverfahrens in Betriebsverfassungssachen, BB 1969, 317

Frey, Helmut: Die Rechtsnatur der Belegschaft und des Betriebsrats, RdA 1960, 89

Galperin, Hans: Die Organstellung des Betriebsrates, RdA 1959, 321
— Begriff und Wesen des Betriebsverbandes, JahrbArbR Bd. 1 (1963), 75

Galperin, Hans / *Löwisch*, Manfred: Kommentar zum Betriebsverfassungsgesetz, 5. Aufl., Heidelberg, Bd. I 1975, Bd. II 1976

Galperin, Hans / *Siebert*, Wolfgang: Kommentar zum Betriebsverfassungsgesetz, 4. Aufl., Heidelberg 1963

von Gamm, Otto-Friedrich Frhr.: Konkrete Fassung des Unterlassungstitels, NJW 1969, 85

Gerlach, Horst: Die Geschäftsführungskosten der Betriebsvertretung, Weimar 1931

Geßler, Ernst / *Hefermehl*, Wolfgang: Aktiengesetz, Bd. II, München 1973/74

Gester, Heinz: Die betriebsverfassungsrechtliche Stellung von Belegschaft und Betriebsrat, Düsseldorf 1959
— Zur Rechtsnatur des Betriebsrates, RdA 1960, 406

von Gierke, Otto: Deutsches Privatrecht, 3. Bd. Schuldrecht, München—Leipzig 1917

Gnade, Albert / *Kehrmann*, Karl / *Schneider*, Wolfgang: Betriebsverfassungsgesetz, Köln 1972

von Godin, Reinhard Frhr. / *Wilhelmi*, Hans / *Wilhelmi*, Sylvester: Aktiengesetz, 3. Aufl., Berlin 1967

Goldbaum, Wenzel: Arbeitsgerichtsgesetz vom 23. Dezember 1926, Berlin 1927

Gramm, Hans: Rechtsnatur und Haftung des Betriebsrats, AR-Blattei D, Betriebsverfassung VII

Groß, Hans Fritz: Grundfragen des Management, Berlin 1971

Großkomm. AktG: Großkommentar zum Aktiengesetz, bearbeitet von *Barz*, *Brönner*, *Klug*, *Mellerowicz* u. a., 3. Aufl., Bd. I/2, Berlin—New York 1973

Grunsky, Wolfgang: Arbeitsgerichtsgesetz, München 1976

Güntner, Hans: Kosten der betrieblichen Schlichtungsstellen, BB 1964, 88

Häsemeyer, Ludwig: Die Behandlung der Klage auf Auskunft im Konkurse, ZZP 80 (1967), 263

Hässler, Manfred: Die Geschäftsführung des Betriebsrates, 3. Aufl., Heidelberg 1973

Hanau, Peter: Unklarheiten in dem Regierungsentwurf des Betriebsverfassungsgesetzes, BB 1971, 485

Heckmann, Dietrich: Das Beschlußverfahren nach dem Arbeitsgerichtsgesetz vom 3. September 1953, Diss. Köln 1958

Heinze, Meinhard: Wirksamkeitsvoraussetzungen von Betriebsratsbeschlüssen und Folgen fehlerhafter Beschlüsse, DB 1973, 2089

Hellwig, Konrad: Lehrbuch des deutschen Zivilprozeßrechts, Bd. 2, Leipzig 1907 (Neudruck Aalen 1968)

Hellwig, Konrad / *Oertmann*, Paul: System des deutschen Zivilprozeßrechts, Teil 2 Abt. 2, Leipzig 1912 (Neudruck Aalen 1968)

Hengstenberg, Richard: Haben es die Kleinen leichter?, ArbuSozPol. 1970, 402

Herdrich, Jürgen: Leistungsverweigerungsrecht des Arbeitnehmers bei Verletzung der betriebsverfassungsrechtlichen Beteiligungsnormen, Diss. Tübingen 1973

Herschel, Wilhelm: Betriebsvereinbarung oder Betriebssatzung?, RdA 1948, 47

— Das Beschlußverfahren vor den Arbeitsgerichten, BB 1953, 861

— Entwicklungstendenzen des Arbeitsrechts, RdA 1956, 161

— Vom Werden der Betriebsverfassung, Juristen-Jahrbuch, Bd. 2 (1961/62), 80

— Schadensersatz bei Behinderung und Störung von Betriebsversammlungen, DB 1974, 690

Huber, Ernst Rudolf: Wirtschaftsverwaltungsrecht, 2. Aufl., Tübingen 1953/54

Hueck, Alfred / *Nipperdey*, Hans Carl: Lehrbuch des Arbeitsrechts, 7. Aufl., Berlin—Frankfurt/M., Bd. I 1963, Bd. II/2 1970

Jahnke, Volker: Unterlassungsansprüche bei drohender Verletzung der allgemeinen Friedenspflicht (§ 74 Abs. 2 Satz 2 BetrVG), BlStSozArbR 1974, 164

— Kompetenzen des Betriebsrats mit vermögensrechtlichem Inhalt, RdA 1975, 343

Joachim, Hans G.: Zur Haftung des Betriebsrates für unerlaubte Handlungen, Betriebsverfassung 1955, Nr. 11, S. 1

Kälker, Georg: Zum Verfahren bei Streitigkeiten aus der Betriebsverfassung, BB 1953, 389

Kaskel, Walter: Arbeitsrecht, 3. Aufl., Berlin 1928

— Haftung für Handlungen des Betriebsrats, NZfA 1921, Sp. 11

Kaskel, Walter / *Dersch*, Hermann: Arbeitsrecht, 5. Aufl., Berlin u. a. 1957

Kauffmann, Hermann: Das Beschlußverfahren nach dem neuen Arbeitsgerichtsgesetz, AuR 1954, 1

Kölner Kommentar: Kölner Kommentar zum Aktiengesetz, herausgegeben von Wolfgang *Zöllner*, Bd. 1, Köln u. a. 1973

Kohler, J.: Ungehorsam und Vollstreckung im Civilproceß, AcP 80 (1893), 141

Kosiol, Erich: Die Unternehmung als wirtschaftliches Aktionszentrum, 29. - 35. Tsd., Hamburg 1969

Kraft, Alfons: Probleme im Spannungsfeld zwischen Betriebsverfassungsrecht und Koalitionsfreiheit, ZfA 1973, 243

— siehe *Fabricius / Kraft / Thiele / Wiese*

Krause, Hermann: Haftungsfragen beim Mitbestimmungsrecht, BB 1951, 677

Kreß, Hugo: Lehrbuch des Allgemeinen Schuldrechts, München 1929

Küchenhoff, Günther: Betriebsverfassungsgesetz, 2. Aufl., Münster 1974

Larenz, Karl: Allgemeiner Teil des deutschen bürgerlichen Rechts, 3. Aufl., München 1975

— Lehrbuch des Schuldrechts, Bd. I, 11. Aufl., München 1976

Leinemann, Wolfgang: Die „Betriebsgemeinschaft", BUV 1971, 49

— Der Betriebsverband, BUV 1971, 145

Leipold, Dieter: Die Einigungsstellen nach dem neuen Betriebsverfassungsgesetz, Festschrift für Schnorr von Carolsfeld, Köln u. a. 1973, S. 273

Lent, Friedrich: Zur Lehre von der Partei kraft Amtes, ZZP 62 (1941), 129

Lent, Friedrich / *Jauernig*, Othmar: Zwangsvollstreckungs- und Konkursrecht, 13. Aufl., München 1975

Lepke, Achim: Die Antragsbefugnis im arbeitsgerichtlichen Beschlußverfahren, AuR 1973, 107

Leser, Heinrich: Das arbeitsgerichtliche Beschlußverfahren, Diss. Freiburg/Brsg. 1951

— Ersatz der Aufwendungen von Betriebsratsmitgliedern, AR-Blattei D, Betriebsverfassung VIII A

Lieb, Franz / *Gift*, Hugo: Arbeitsgerichtsgesetz, 2. Aufl., München 1931

Lobscheid, Wolfgang: Entscheidungsanmerkung, AuR 1971, 222

— Entscheidungsanmerkung, AuR 1972, 190

Löwisch / Müller: Betriebsrätegesetz für Württemberg-Baden vom 18. August 1948, Stuttgart 1948

Loppuch, Siegfried: Kommentar zum Betriebsrätegesetz, Düsseldorf 1948

Martens, Klaus-Peter: Der Konzernbetriebsrat — Zuständigkeit und Funktionsweise —, ZfA 1973, 297

— Entscheidungsanmerkung, AR-Blattei D, Einigungsstelle, Entscheidungen 1

Marzen, Ph.: Probleme des Beschlußverfahrens in Arbeitssachen, Justizblatt des Saarlandes 1960, 34

Maus, Wilhelm: Handbuch des Arbeitsrechts, Baden-Baden, Stand: März 1973, Bd. VIII Betriebsverfassungsgesetz, Bd. X Arbeitsgerichtsgesetz

Mayntz, Renate: Die soziale Organisation des Industriebetriebes, Stuttgart 1958 (Unveränderter Nachdruck 1966)

Meissinger, Hermann / *Neumann*, Heinz: Arbeitsgerichtsgesetz, München, Stand: 1958

Meissinger, Hermann / *Raumer*, Konrad: Das Bayerische Betriebsrätegesetz vom 25. Oktober 1950, 2. Aufl., München 1951

Mohrbutter, Jürgen / *Mohrbutter*, Harro: Handbuch des gesamten Vollstreckungs- und Insolvenzrechts, 2. Aufl., Köln u. a. 1974

Müller, Gerhard: Die Beschaffung von Literatur für den Betriebsrat, Betriebsverfassung 1954, Nr. 3, S. 3

— Die Ausformung des arbeitsgerichtlichen Beschlußverfahrens durch die Rechtsprechung des Bundesarbeitsgerichts, JahrbArbR Bd. 9 (1971), 23

Napp, Rudolf: Entscheidungsanmerkung, WA 1955, 103

Neumann-Duesberg, Horst: Betriebsverfassungsrecht, Berlin 1960

— Betriebsstreitigkeiten, SJZ 1949, 233

— Das Rechtsverhältnis zwischen Betriebsrat und Arbeitgeber und die Betriebsratshaftung, NJW 1954, 617

— Zwangsvollstreckung zur Erzwingung positiver Handlungen analog § 890 ZPO, NJW 1964, 748

Nikisch, Arthur: Arbeitsrecht, III. Bd. Betriebsverfassungsrecht, 2. Aufl., Tübingen 1966

— Belegschaft und Betriebsrat, DB 1962, 506

Nussbaum, Arthur: Das neue deutsche Wirtschaftsrecht, 2. Aufl., Berlin 1922

Oehmann, Werner: Durchsetzung von Rechten aus der Betriebsverfassung, RdA 1950, 140

Oertmann, Paul: Das Recht der Schuldverhältnisse, 2. Aufl., Berlin 1906

Palandt, Otto: Bürgerliches Gesetzbuch, 35. Aufl., München 1976

Pastor, Wilhelm L.: Die Unterlassungsvollstreckung nach § 890 ZPO, 2. Aufl., Köln u. a. 1976

Pawlowski, Hans-Martin: Allgemeiner Teil des BGB, Tübingen 1972

Pohle, Rudolf: Zweifelsfragen des neuen Beschlußverfahrens in Arbeitssachen, Festschrift für A. Hueck, München—Berlin 1959, S. 175

— Entscheidungsanmerkung, SAE 1961, 25

Pünnel, Leo: Praktische Probleme des Einigungsstellenverfahrens nach dem BetrVG 1972, AuR 1973, 257

Raiser, Thomas: Das Unternehmen als Organisation, Berlin 1969

Redeker, Konrad / *von Oertzen*, **Hans-Joachim:** Verwaltungsgerichtsordnung, 5. Aufl., Stuttgart u. a. 1975

Reuter, Dieter: Entscheidungsanmerkung, EzA Nr. 5 zu § 20 BetrVG 1972

Reuter, Dieter / *Streckel*, Siegmar: Grundfragen der betriebsverfassungsrechtlichen Mitbestimmung, Frankfurt/M. 1973

Rewolle, Hans-Dietrich: Zulässigkeit des Rechtsweges und Zuständigkeit der Arbeitsgerichtsbehörden aus dem Betriebsrätegesetz (Kontrollratsgesetz 22), RdA 1950, 293

— Der Beteiligte im Beschlußverfahren ist weder Partei noch Zeuge, AuR 1957, 273

— Die Zwangsvollstreckung gegen den Betriebsrat, BB 1974, 888

Richardi, Reinhard: Kollektivgewalt und Individualwille bei der Gestaltung des Arbeitsverhältnisses, München 1968

Richardi, Reinhard: Betriebsratsamt und Gewerkschaft, RdA 1972, 8

— Entscheidungsanmerkung, AP Nr. 5 zu § 94 ArbGG 1953

Rohlfing, Theodor / *Rewolle,* Hans-Dietrich: Arbeitsgerichtsgesetz, Frankfurt/M., Stand: 1973

Rose, Gunter: Zum Streit um die Begriffsbestimmung des „leitenden Angestellten" nach § 5 Abs. 3 BetrVG 1972, AuR 1972, 309

Rosenberg, Leo: Lehrbuch des deutschen Zivilprozeßrechts, 9. Aufl., München—Berlin 1961

Rosenberg, Leo / *Schwab,* Karl Heinz: Zivilprozeßrecht, 11. Aufl., München 1974

Rüthers, Bernd / *Stindt,* Heinrich Meinhard: Der Kreis der leitenden Angestellten in der neuen Betriebsverfassung, BB 1972, 973

Säcker, Franz-Jürgen: Betriebsratsamt und Arbeitsverhältnis, RdA 1965, 372

Savaète, Eugen: Der Vergleich in arbeitsrechtlichen Streitfällen, AuR 1958, 257

Schaub, Günther: Formularsammlung zum Arbeitsrecht, München 1976

Schelsky, Helmut: Industrie und Betriebssoziologie, in: Gehlen, Arnold / Schelsky, Helmut, Soziologie, 6. Aufl., Düsseldorf—Köln 1966

Schmidt, K. H.: Dringliche Regelungen bei betrieblichen Streitigkeiten durch das Arbeitsgericht, DB 1968, 397, 443

Schmidt, Klaus-Jürgen: Einstweilige Maßnahmen im arbeitsgerichtlichen Beschlußverfahren, Diss. Würzburg 1966

Schneider, Karl: Das Beschlußverfahren, AR-Blattei D, Arbeitsgerichtsbarkeit XII

Schnorr von Carolsfeld, Ludwig: Arbeitsrecht, 2. Aufl., Göttingen 1954

Schönke, Adolf / *Baur,* Fritz: Zwangsvollstreckungs-, Konkurs- und Vergleichsrecht, 9. Aufl., Karlsruhe 1974

Schoenthal, Donald: Die Stellung gesetzlicher Vertreter des Schuldners im Verfahren nach den §§ 888, 890 ZPO, Diss. Freiburg 1972

Scholz, Johannes H.: Zur Zwangsvollstreckung im arbeitsgerichtlichen Beschlußverfahren, Diss. Göttingen 1969

Schubert: Entscheidungsanmerkung, SAE 1955, 109

Schultzenstein, M.: Zwangsvollstreckung zur Erwirkung von Handlungen oder Unterlassungen und Prozeßunfähigkeit, ZZP 35 (1906), 475

von Seuffert, Lothar / *Walsmann,* Hans: Kommentar zur Zivilprozeßordnung, 12. Aufl., München 1932/33

Siebert, W.: Die Mitwirkung und Mitbestimmung der Arbeitnehmer nach dem Betriebsverfassungsgesetz, BB 1952, 832

Siefart, Hugo: Arbeitsgerichtsgesetz vom 23. Dezember 1926, Berlin 1927

Söllner, Alfred: Arbeitsrecht, 5. Aufl., Stuttgart u. a. 1976

— Zur vertrauensvollen Zusammenarbeit zwischen Betriebsvertretung und Arbeitgeber, DB 1968, 571

Söllner, Alfred: Das Zurückbehaltungsrecht des Arbeitnehmers, ZfA 1973, 1

Soergel, Hs. Th. / *Siebert*, Wolfgang: Bürgerliches Gesetzbuch, 10. Aufl., Stuttgart u. a., Bd. II 1967, Bd. IV 1968

Sorge, Siegfried: Die Haftung des Betriebsrats für unerlaubte Handlungen, AuR 1953, 272

von Staudinger, J.: Kommentar zum Bürgerlichen Gesetzbuch, 11. Aufl., Bd. III/1, München—Berlin 1956

Stein, Friedrich / *Jonas*, Martin: Kommentar zur Zivilprozeßordnung, 19. Aufl., Tübingen 1967 ff.

Thiele, Wolfgang: siehe *Fabricius / Kraft / Thiele / Wiese*

Thomas, Heinz / *Putzo*, Hans: Zivilprozeßordnung, 8. Aufl., München 1975

Tschischgale, Max: Das Kostenrecht in Arbeitssachen, 2. Aufl., München—Berlin 1960

— Gerichtsvollziehertätigkeit bei Zwangsvollstreckung aus Titeln des arbeitsgerichtlichen Beschlußverfahrens und Gebührenansatz, DGVZ 1953, 185

von Tuhr, Andreas: Der Allgemeine Teil des Deutschen Bürgerlichen Rechts, Bd. I, 1910 (Nachdruck Berlin 1957)

Weiss, Manfred: Zur Haftung des Betriebsrats, RdA 1974, 269

Westermann, Harry: Sachenrecht, 5. Aufl., Karlsruhe 1966

— Rechtsstreitigkeiten um die Rechte aus § 90 AktG, Festschrift für Bötticher, 1969, S. 369

Wichmann, Fritz: Über das Rechtsschutzinteresse im arbeitsgerichtlichen Beschlußverfahren, AuR 1974, 10

— § 83 Abs. 1 Satz 1 ArbGG in der Rechtsprechung des Bundesarbeitsgerichts, AuR 1975, 294

Wieczorek, Bernhard: Zivilprozeßordnung und Nebengesetze, Bd. IV (Teil 1 und 2), Berlin 1958

Wiese, Günther: Das arbeitsgerichtliche Beschlußverfahren, Diss. Kiel 1954

— Der Persönlichkeitsschutz des Arbeitnehmers gegenüber dem Arbeitgeber, ZfA 1971, 273

— Der Ausbau des Betriebsverfassungsrechts, JahrbArbR, Bd. 9 (1971), 55

— Individualrechte in der Betriebsverfassung, RdA 1973, 1

— Schulung der Mitglieder von Betriebsvertretungen, BlStSozArbR 1974, 353

— Entscheidungsanmerkung, AP Nr. 6 zu § 37 BetrVG 1972

— siehe *Fabricius / Kraft / Thiele / Wiese*

von Winterfeld, Achim: Der Wirtschaftsausschuß, AuR 1955, 161, 193

Wölbling, Paul: Das Arbeitsgerichtsgesetz vom 23. Dezember 1926, Berlin 1927

Wolff, Hans J. / *Bachof*, Otto: Verwaltungsrecht I, 9. Aufl., München 1974

— Verwaltungsrecht II, 4. Aufl., München 1976

Zöller, Richard: Zivilprozeßordnung, 11. Aufl., München 1974

Printed by Libri Plureos GmbH
in Hamburg, Germany